AF289485

Walter Wolf

Die Ortsnamen in Drolshagen

Herkunft – Geschichte - Bedeutung

Dieses Buch widme ich meiner Frau Dorothee, die mich nicht nur bei diesem Buch mit ihrer Kompetenz und Zuneigung unterstützt hat. Ohne sie und ihre Kenntnisse zum Drolshagener Platt wäre die Bezugnahme zu der Mundart nicht möglich gewesen. Ihr Wissen um das heimische Dialekt als Alltagssprache haben wesentlich zu den hier publizierten Erkenntnissen beigetragen

Impressum

Bibliografische Information der Deutschen Nationalbibliothek: Die Deutsche Nationalbibliothek verzeichnet diese Publikation in der Deutschen Nationalbibliografie; detaillierte bibliografische Daten sind im Internet über http://dnb.dnb.de abrufbar.

© 2025 Walter Wolf

Verlag: BoD · Books on Demand GmbH, In de Tarpen 42, 22848 Norderstedt, bod@bod.de
Druck: Libri Plureos GmbH, Friedensallee 273, 22763 Hamburg

ISBN: 978-3-7693-9924-0

Cover: W. Wolf unter Verwendung der Abbildung der Seite 1 des Originals der Chronica Drolshagensis; mit freundlicher Genehmigung von Stephan Schlösser

Autor:

Walter Wolf, Jahrgang 1951, Studium der Pädagogik, Soziologie, Psychologie und Katholischen Theologie; bis zum Ruhestand Bildungsarbeiter und Leiter von Bildungshäusern; 50 Jahre ehrenamtlich im sozialen, verbandlichen und kirchlichen Bereich, zuletzt als Geschäftsführer und Referent im Heimatverein für das Drolshagener Land.

Veröffentlichungen vor allem zu innovativen konzeptionellen Themen, u.a. bei der Bundeszentrale Politische Bildung und Arbeitskreis deutscher Bildungsstätten; Diverse Fachartikel zu regionalen, politischen und historischen Themen.

Beratung, Begleitung und Coaching von kleinen Organisationen und großen Verbänden, vor allem im NGO-Bereich.

Letzte Veröffentlichungen bei Books on Demand

„HeimatNeuDenken – Ein Plädoyer zur rechten Zeit" Norderstedt 2021
„Höëwingen - Eine Ermittlung zur Frühen Geschichte eines Dorfes" Norderstedt 2021
„Das Wendsche Platt - Eine Ermittlungsreise zu den Quellen" Norderstedt 2021
„Der Junge vom Dorf - Ein kulturhistorisches Experiment" Norderstedt 2022
„Wemm bische - Wendsche Familien- und Beinamen" Norderstedt 2023
„Nu klaffe dou - Sprache und Namen in Drolshagen" Norderstedt 2024

Inhalt

Der Wert alter Ortsnamen

Ein Vorwort des Bürgermeisters der Stadt Drolshagen Uli Berghof

Manchmal hat es ein Ortsname nicht leicht. Das merke ich immer wieder, wenn ich erzähle, dass ich mit meiner Familie in Halbhusten lebe. Sofort folgen Schmunzeln oder Kommentare à la „Na, hoffentlich bleibt ihr gesund!". Tatsächlich haben die Ortsnamen Husten und Halbhusten nichts mit Erkältungen zu tun – ihre Wurzeln reichen weit. So geht z. B. der Name Halbhusten auf Halfhusen im 15. Jahrhundert zurück. Damit waren vermutlich geteilte Höfe oder die dort lebenden Halbbauern (Halfbure) gemeint – und keineswegs das Wort Husten im Sinne des Hustens bei einer Erkältung.

Walter Wolf erforscht diese Hintergründe in seinem Buch „Die Ortsnamen in Drolshagen" mit großer Akribie und wissenschaftlicher Präzision. Damit bringt er Licht in ein spannendes Kapitel unserer Heimatgeschichte und widerlegt volkstümliche Fehlinterpretationen.

Ortsnamen als Spiegel der Geschichte

Ortsnamen sind weit mehr als bloße Bezeichnungen auf einer Landkarte. Sie erzählen zum Beispiel von:

- den Menschen, die hier vor Jahrhunderten siedelten,

- der Sprache, die sie sprachen,

- den Landschaften, die sie prägten.

Auf diese Weise werden Ortsnamen zu wertvollen Zeugnissen der Vergangenheit. Sie sind bodenständig und raumgebunden und ermöglichen Einblicke in die Siedlungsgeschichte und Sprachentwicklung – oft weiter zurückreichend als jede schriftliche Überlieferung.

Entschlüsselung der Ortsnamen

In seinem Buch vereint Walter Wolf historische Quellen, sprachwissenschaftliche Analysen und lebendige Erzählungen, um die Ursprünge unserer Ortsnamen zu entschlüsseln. Durch diese interdisziplinäre Herangehensweise entsteht ein Werk, das nicht nur für Sprach- und Geschichtsinteressierte von Bedeutung ist, sondern für alle, die sich mit ihrer Heimat verbunden fühlen. Alte Urkunden, Dialekte und Überlieferungen werden zusammengeführt, um ein möglichst vollständiges Bild der Namensherkunft zu zeichnen. So erfährt der Leser auf verständliche Weise, woher unsere Ortsnamen stammen und was sie bedeuten.

Namen und Identität

Besonders spannend ist, wie Ortsnamen Identität stiften. Sie sind Teil unseres kulturellen Erbes und verbinden uns mit den Generationen, die vor uns hier lebten. Gleichzeitig bleibt die Erforschung der Namen ein dynamischer Prozess – neue Erkenntnisse können alte Deutungen ergänzen oder korrigieren. In diesem Sinne ist Wolfs Buch nicht nur eine Bestandsaufnahme, sondern auch eine Einladung, weiterzudenken und sich mit der Geschichte unseres Raumes auseinanderzusetzen.

Dank und Ausblick

Ich danke Walter Wolf herzlich für seine wertvolle Arbeit und freue mich, dass dieses Buch nun allen zugänglich ist. Es zeigt einmal mehr: Unsere Ortsnamen sind nicht nur Teil der Vergangenheit, sondern auch ein lebendiger Bestandteil unserer Gegenwart und Zukunft.

Drolshagen, im Februar 2025

Uli Berghof, Bürgermeister der Stadt Drolshagen

Ein Wort zuvor

In den Siebzigerjahren des letzten Jahrhunderts hielt ich mich oft in meinem Nachbarort Hünsborn auf. Dort hatte ich Freunde und auch eine Freundin. Wiederkehrend kam ich an der Werkstatt des Schreiners Schrage vorbei, der öfter in der typischen Schreinerkluft mit blauweiß gestreiftem Kittel, vor allem aber mit der langen Schreinerschürze vor seiner Werkstatt stand und mir wohlwollend mit einem Augenzwinkern – natürlich im Wendschen Platt – zurief: „Do kümmet hä alt wear, dä Höëwinger Jung – Da kommt er schon wieder, der Höëwinger Junge". Klar, ich wusste, dass mein Herkunftsort Altenhof im Platt immer Höëwingen genannt wurde, aber warum wusste ich nicht. Das ließ mir keine Ruhe und so forschte ich danach, als junger Mann mit wenig Erfolg, konnte aber mit Ruhe und mit ein wenig mehr Grundwissen erst in den letzten Jahren dieser Benennung auf den Grund gehen, was u.a. in den beiden kleinen Büchern zum Wendschen Platt und zu Höëwingen auch eine systematische Darstellung bekam.

Im Nachgang stelle ich fest, dass mir die Benennung, die auch eine Zuweisung zu deren Nachbarort war, nicht unbedeutend blieb und Teil meiner Lebensgeschichte und Identität wurde. Rückblickend fällt mir auch auf, wie oft und wie genau ich im Rahmen meiner Bildungsarbeit bei den über Jahrzehnte gehenden Rundfahrten durch den Kreis Olpe auf die Namen der Orte einging und mit diesen auch deren Geschichte und ihre Geschichten zum Thema machte. Da ich mit manchen Gruppen mehr als zwanzig Jahre gearbeitet habe, kannten und erwarteten sie dies. Ließ ich dies einmal aus, kam sofort die Frage: „... und woher kommt das?". Und dann musste ich wieder Rede und Antwort stehen.

Damit kamen zwei Bedürfnisse zusammen, mein schon seit Jugendzeiten hohes Interesse an Sprache (ich kann heute noch den Anfang des althochdeutschen Hildebrandlieds aus dem 9. Jahrhundert auswendig sprechen) und der Wunsch meiner Teilnehmer in den Seminaren. Diese habe ich auch im Alter nicht abgelegt, im Gegenteil. Nach den Recherchen zu den Bei- und Familiennamen meines Herkunftsortes und aus Drolshagen brannte mein Interesse, diese Untersuchungen auch zu den Ortsnamen meiner (heutigen) Heimat Drolshagen auszuweiten. Aus den zunächst sporadischen und privaten Recherchen (u.a. zu Steupingen) wurde schnell eine systematische und wissenschaftlich orientierte Suche.

Wiederum spielten zwei Bedingungen eine Rolle. Zum einen gab es bislang zu den Ortsnamen von Drolshagen keine umfassenden Untersuchungen oder Abhandlungen, die auch wissenschaftlich belastbar waren. Josef Hesse hat in seinem Buch „Geschichte des Kirchspiels und Klosters Drolshagen" eine Fülle von Dokumenten angeführt, aber oft den heutigen Sprachgebrauch zu den Orten verwendet, sodass erst durch einen Rückgriff auf die Originaldokumente mehr Klarheit entstand. Und seine Deutungen waren in vielen Fällen spekulativ und nicht belastbar. Zum anderen liegt seit 2014 ein umfangreiches und hervorragend recherchiertes Standardwerk zu den Ortsnamen im Kreis Olpe vor. Dies ist als Band 6 der Reihe „Westfälisches Ortsnamenbuch" im Auftrag der Akademie der Wissenschaften zu Göttingen erschienen. Der Autor Dr. Michael Flöer hat in diesem Werk mit über 300 Seiten akribisch alle Ortsnamen des Kreises Olpe aufgeführt und sprachlich gedeutet, sofern sie bis 1600 in schriftlichen, gedruckten Quellen erfasst sind. Das schließt Orte ein, die es zu diesem Zeitpunkt schon nicht mehr gab wie Steupingen, Herrnscheid oder Aldenfelde, schließt aber die Ortsnamen aus, die nicht schriftlich dokumentiert sind oder später entstanden. Bewundernswert ist in diesen und den anderen Untersuchungen z.B. für den Märkischen Kreis, den Hochsauerlandkreis oder Soest die präzise und umfassende Kenntnis der auf das Altsächsische zurückgehenden Namen und Ortsbezeichnungen. Nur kommt dabei zu kurz, dass für unsere Region im Drolshagener, Olper und Wendener Land auch wesentliche niederfränkische Merkmale die Sprache bestimmen. So habe ich mit Flöer u.a. die Deutung des Ortsnamen Wormberg diskutiert und darauf verwiesen, dass das Grundwort „berg" in unseren Dialekten auch mit „Wald" übersetzt werden kann, was für die Deutung und Bedeutung unserer Ortsnamen tatsächlich einen Unterschied macht.

Dennoch bin ich ihm dankbar für diese umfangreiche fundierte Arbeit. Allerdings habe ich dort, wo meines Erachtens eine andere, meist auf eine Flurbezeichnung oder auf den heimischen Dialekt zurückzuführende Deutung zielführender ist, diese vorgeschlagen.

Diese Deutungen habe ich am 12. Februar 2025 im Rahmen der Bildungsarbeit unseres Heimatvereins vorgestellt. Durchgehend wurde sie dort angenommen und sogar durch eigene Kenntnisse der Teilnehmer bestätigt und erweitert. Ein Beispiel dafür war die Deutung des Ortsnamens von Benolpe durch Sturmi Engel, der auf die Lage des ursprünglichen Dorfes im sumpfigen Grund verwies.

Meine Recherchen waren so umfangreich, dass die immerhin zwei Stunden dauernde Präsentation nur einen Bruchteil der Kenntnisse und Erkenntnisse vermitteln konnte. Ich habe mich daher entschlossen, diese in Buchform weiterzugeben, auch verbunden mit der Erwartung, dass die Recherchen weitergehen, meine Aussagen korrigiert oder ergänzt werden. Deshalb habe ich alle meine Aussagen auch so gestaltet, dass sie anschlussfähig bleiben für eine Weiterarbeit. Nicht zuletzt freue ich mich, das erste wirklich alle 56 Ortschaften und zusätzlich weitere wüstgefallene Siedlungen umfassende Ortsnamenbuch der Öffentlichkeit zu übergeben.

Drolshagen, im Februar 2025   Walter Wolf

Ortsnamen – eine Einführung

Menschen siedeln sich an....

Gehen wir einmal ganz weit zurück in die Zeit, als die ersten Siedler in unsere Region kamen. Sie zogen flussaufwärts die Ruhr, die Lenne, die Bigge und dann die Brachtpe oder die Rose, um sich dann irgendwo im Quellgebiet dieser Gewässer niederzulassen. Für sie war es unbedingt notwendig, eine einigermaßen ebene Grundfläche zu finden, die nahe am Wasser lag, aber wiederum nicht so nah, dass bei Frühjahrshochwasser ihr Haus und ihre Stallungen überschwemmt wurden. Und die Flusstäler waren die beste, manchmal die einzige Möglichkeit in das bisher unbesiedeltes Gebiet zu kommen.

Und weil alles, was sich Menschen vertraut machen und worüber sie mit anderen kommunizieren, einen Namen bekommt, wurden diese Gewässer benannt, die auch dazu dienten, sich in diesem noch menschenleeren Gebiet zu orientieren. Die dazugehörigen Grundworte waren z.B. „apa" für Wasser, oder „beke" für ein Fließgewässer, das zu Bieke und Bach wurde. Und da es viele Bachläufe gab, wurden sie nach ihrer Art benannt. Ob sie schnell oder träge flossen, ob ihre Quelle in einem kleinen Waldstück oder einer höher gelegenen Brachfläche lag, ob sie in vielen Kurven mit Wendungen flossen oder sich wie ein Wurm durch das Gehölz, später durch die angelegten Wiesen wanden, jedes dieser Gewässer bekam einen Namen. Zunächst zur eigenen, dann aber auch zur Orientierung für andere. So hießen sie bald „Heimicke", „Brachtpe", „Wende," „Wormbeke" oder „Erlenbiche".

Die Areale, die an diesen Gewässern lagen, wurden nun nach diesen benannt, und auch die Siedlungen, die dort mit der wachsenden Bevölkerung angelegt wurden, bekamen von ihnen ihren Namen. So waren Gewässer, Areal und Ort als eine Einheit erkennbar.

Neue Siedlungen, die man nicht noch einmal nach den Gewässern benennen konnte, erhielten Namen, die mit den Leuten zu tun hatten, die sich diesen Teil des mit Urwald bedeckten Landes zu eigen machten und dort siedelten. Auch sie bauten ihre Häuser in der Nähe der Gewässer, aber benannten ihre Siedlung nach einem der ihren. Das waren meist die Protagonisten dieser Landnahme oder der Familienvorstand. Dann wurde eine solche Siedlung beispielsweise „Ort, wo die Leute des Dietrich wohnen" genannt. An den Namen des Protagonisten wurde ein Wort angehängt, dass in den germanischen Sprachen, vor allem aber den niederfränkischen Dialekten, „ingen" lautete. Der Ort des Dietrich hieß dann „Dirkingen".

In späterer Zeit wurden die Siedlungen nach dem benannt, was man zuerst sah: die Häuser, was zu Formen mit dem Wort „hausen" führte. Dann war der Ort, wo Franken wohnten eben Franken-hausen, was heute Frenkhausen heißt. Oder wenn es ein einzelner Hof war, der weiter bachabwärts angelegt wurde, war dies ein neues Haus, eben „Neuenhaus". Der alte Ort, von dem man ausgegangen war, dementsprechend der „Altehof" (bei Benolpe).

Um noch ein Beispiel zu nennen, schauen wir uns bestimmte landschaftliche Formen an, z.B. wenn eine Siedlung unterhalb eines dichten Waldes auf der langziehenden Höhe der Berge, die z.T. undurchdringliche Grenzwälder waren, lag oder auf der Anhöhe, die beispielsweise eine Wasserscheide darstellte, wurde der Ort nach der Scheide benannt. Das wurde dann Scheda, Alperscheid oder Herrnscheid.

Das sind noch lange nicht alle Möglichkeiten, wie Menschen, die in unser Land kamen, unsere Altvorderen, ihre Siedlungen benannten. In dem Teil zu den Grundworten werde ich dies systematisch vorstellen, und zwar nach den für unsere Region typischen Formen.

Ortstypen in Drolshagen

Das Drolshagener Land zeigt gegenüber dem Olper oder dem Bilsteiner Land, aber in einer besonderen Weise auch in Abgrenzung zum benachbarten Wendener Land eine Siedlungsform, die überwiegend aus *Weilern* und *Kleinweilern* zusammengesetzt ist. Weiler sind kleine Siedlungen, kleiner als ein Dorf und haben in der Regel keine geschlossene Bebauung und keine Gebäude mit zentraler Funktion wie Kirche oder Gasthaus. Als Größenordnung geht man von bis 15 Wohnhäusern aus.

Im 19. Jahrhundert – vor dem Bau der Bahnlinie von Siegburg nach Olpe, die abseits vom *„alten Dorf"* auch durch Hützemert führte,– gab es neben der Stadt Drolshagen nur ein weiteres älteres Dorf, und das war *Iseringhausen*[1]. Dort existierte bereits im späten 16. Jahrhundert eine Kapelle, die damit eben jenes Gebäude mit zentraler Funktion darstellte. Von den 56 Ortschaften im Stadtgebiet Drolshagen zählten 27 zu den Kleinweilern und weitere 19 zu den Weilern. Zusätzlich kamen 8 Einzelhöfe vor, die auch heute noch existieren (u.a. *Potzenhof* oder *Fahrenschotten*).

Diese Siedlungsform findet sich im Kreis Olpe besonders ausgeprägt im Drolshagener Land, in der Römershagener Gegend, die sich direkt an das Drolshagener Land anschließt, und um Rhode herum. Das Drolshagener Land und Römershagen liegen in unmittelbarer Nähe zum Bergischen Land, für das ebenfalls die Kleinweiler typisch sind. Auf die historischen Gründe kann ich hier nicht eingehen. In den Vertalungen des Bilsteiner Landes sind eher langgezogene Siedlungen zu finden, die dem Flussverlauf folgen, während im Wendener Land, auch durch den Siegerländer Einfluss, häufiger Dorfbildungen zu finden sind, die typischerweise auch als Ringdörfer mit Gehöften rund um einen zentralen Platz angelegt wurden. Bis heute ist diese Siedlungsform in Wenden, Hünsborn, Altenhof oder Ottfingen erkennbar.

Im gesamten Kreisgebiet sind im 19. Jahrhundert nur wenige Höhensiedlungen (wie z.B. Hünsborn, aber auch Junkernhöh) zu finden. Von 247 im Jahr 1841 registrierten Orten lagen mehr als 200 an Bach- oder Flussläufen. Siedlungen direkt in den Talauen sind wegen der Hochwassergefahr eher selten. Vielmehr befinden sich die meisten Siedlungen an den auslaufenden Berghängen unmittelbar über der Talaue. Dies gilt für die meisten Orte des Drolshagener Landes, wenn man z.B. Schreibershof, das alte Hützemert, Berlinghausen oder Bleche betrachtet. Bevorzugt wurde schon bei der Besiedlung die sogenannte *Quellmuldenlage*[2], also meist im Talschluss mit direktem Zugang zum Wasser des Bachs oder der Quelle für die menschliche Versorgung, aber vor allem auch für das Vieh[3]. Im 19. Jahrhundert lagen 25 Orte in Drolshagen in einem Quellmuldenbereich, 11 in einem Seitental, 10 in Tal- oder Talhanglage und nur einer, die Stadt, am Zusammenfluss zweier wasserreicherer Bäche oder Flüsse.

Warum diese Ausführungen? Wenn wir auf die Bezeichnungen für die Siedlungen im Drolshagener Land schauen wollen, kommen wir nicht an den Grundlagen für die Ortsgründungen vorbei. Oft geben gerade die Namen einen wichtigen Hinweis auf die Ursprünge und im umgekehrten Sinn verweisen auch landschaftlichen Besonderheiten auf die Namensgebungen. Dies wird immer wieder auch in den folgenden Ausführungen eine Rolle spielen.

Namensbildung

Wie es notwendig ist, dass Personen einen eigenen Namen bekommen, der den / die einzelne/n von anderen unterscheidet, gilt dies auch für Orte, gilt dies für Areale, die Flurnamen bekommen oder für Gewässer. Es geht um Orientierung. Dies zunächst im Raum, der Region: wer wohnt wo, in welchem Teil des Landes? Darüber hinaus sind aber auch Fragen des Rechts, des Besitzes und gerade in den grundherrschaftlichen Verhältnissen des Mittelalters in Sachen Lehnsrechte oder Leibeigenschaften von Bedeutung. Und diese lassen sich nur mit den Bezeichnungen für Areale und Siedlungen verwalten. Wenn Rechtsgeschäfte getätigt wurden, tauchten Ortsnamen in Urkunden auf, die z.T. heute noch einsehbar sind und auf die ich mich auch im Wesentlichen beziehe[4]. Selbstredend sind nicht alle Orte und deren Namen in Urkunden zu finden, nicht immer sind die niedergeschriebenen Ortsnamen auch korrekt, sondern häufig nur so festgehalten, wie sie der des Schreibens Kundige verstanden hat, und im Laufe der Zeit haben sich Worte neuen Formen angepasst, vor allem, wenn bestimmte überkommene Begriffe nicht mehr verstanden wurden. Ich werde mehrere Beispiel aufführen. Und auch ist festzuhalten, dass nicht erst mit der Fixierung in Urkunden Ortsnamen bestanden, sondern umgekehrt: die Ortsnamen bestanden seit der Gründung dieser Siedlung.

Formen der Ortsnamen

Das Grundwort

Ortsnamen weisen durchgehend eine Systematik auf, die die heutige Analyse möglich, nicht aber immer schon leicht macht. Im deutschen Sprachraum bestehen sie in der Regel aus einem Grundwort, das von einem Bestimmungswort erläutert wird. „Buchhagen" besitzt als Grundwort „hagen", u.a. eine alte, in germanischen Sprachen geläufige Form, eine Waldform zu benennen und das Bestimmungswort, dass es sich um einen Buchenwald handelt. Dabei sind die alten Bezeichnungen wie *Boichhage* von 1531 oder *Bockhagen* von 1543 in der zeitgemäßen Sprache verfasst. Dieses Muster wiederholt sich bei allen Ortsnamen, sofern sie nicht aus einem einzelnen Grundwort allein bestehen (Simplex genannt) wie beispielsweise *Brink*. Das Grundwort kann auch eine Wortbildung sein, wie es bei der Endung (auch Suffix genannt) *„-ingen"* der Fall ist. Dieses Wort bedeutet *„Zugehörigkeit zu den Leuten von..."*, wurde später auch in Verbindung mit *„-hausen"* also *„den Häusern von..."* verwendet. Hier besteht also das Grundwort bereits aus zwei Elementen.

Für die Erforschung der Ortsnamen ergibt sich ein Problem darin, dass die Grundworte im Laufe der Zeit „verschliffen" wurden, was heißt, sie wurden im Sprachgebrauch so verändert, dass man das eigentliche Grundwort nicht mehr erkennen kann. Ein Beispiel aus unserer Region ist *„Olpe"*, bei dem zwei Worte zu einem wurden, deren Bedeutung heute aber in der aktuellen Sprache nicht mehr verstanden wird. Der Ortsname bezieht sich auf einen *Gewässernamen*, der mit dem allgemein germanischen Wort *„apa"* gebildet wird und ein Bestimmungswort enthält, das aus voreinzelsprachlicher Zeit stammt und als *„al /el / ol"* = *„fließen, strömen"* bedeutete[5]. Für eine sachgerechte Erforschung ist es daher notwendig, auf die älteste erreichbare Fassung zurückzugreifen. Dies habe ich durchgehend getan und es hat, wie sich im Lauf der Lektüre sicherlich erweisen wird, zu sinnvollen, zum Teil auch überraschenden Ergebnissen geführt.

Das Muster Grundwort + Bestimmungswort wird seit der Völkerwanderungszeit benutzt und geht wohl auf römische Vorbilder zurück[6]. Ortsnamen sind selten durch einmalige, rückblickend bestimmbare Schöpfungsakte entstanden, sondern gehen in der Regel auf den fortgesetzten, wiederholten Gebrauch einer Ortsbezeichnung.

Die Bestimmungswörter

Bestimmungswörter werden in den meisten Fällen den Grundwörtern vorangestellt und definieren genauer die Bedeutung des ansonsten allgemeinen Grundworts. Die für unsere Region häufigste Form ist die Ergänzung des allgemeinen Grundworts, das eine Örtlichkeit oder Zugehörigkeit bezeichnet, in adjektivischer Form wie „neu" (Beispiel: *Neuenhaus*), als Tiernamen, die in einer besonderen Beziehung zu der Örtlichkeit stehen wie „*Stuttberch*" oder „*Gipperich*", das Gestüt und die Ziegen, oder Personen- und Stammesnamen wie „*Syverinchusen*" die Häuser des Severin oder Frenkhausen „*die Häuser der Franken*". Manche Ortsnamen enthalten auch zwei Bestimmungswörter wie „Ober-"oder „Nieder-" wie bei „Nieder -du - micke".

Methodisches Vorgehen

Um den möglichst authentischen Sinn eines Ortsnamens zu erforschen, gehe ich auf die älteste mir zugängliche Form zurück. Diese ist in entsprechenden Urkunden zu finden, die zum guten Teil in Zusammenfassungen der rechtsrelevanten Inhalte zu finden sind wie die Regesten von Gut Ewig. Hier habe ich mich auf die Analysen und Recherchen von Michael Flöer, vor allem sein Kompendium zu den Ortsnamen im Kreis Olpe[7], verlassen. Wo mir Zweifel kamen – und das ist einige Male passiert – habe ich (Online-verfügbare) Originale der Urkunden zu Rate gezogen. Dies war insbesondere dann wichtig, wenn bereits in Abhandlungen wie bei Josef Hesse[8] für die Orte die aktuellen, neuhochdeutschen Formen geschrieben wurden.

Wenn ich die älteste Form gefunden hatte, begann die Analyse über die einschlägigen Wörterbücher, allen voran das „*Deutsche Wörterbuch von Jacob Grimm und Wilhelm Grimm*", das einen ungeheuren Schatz an alten Formen bis zum Sanskrit für die von mir recherchierten Begriffe bot, aber dazu auch parallel das *Althochdeutsche Wörterbuch der Sächsische Akademie der Wissenschaften* zu Leipzig, das

Mittelhochdeutsche Handwörterbuch von Matthias Lexer, das *Etymo-logische Wörterbuch des Deutschen*, digitalisierte und von Wolfgang Pfeifer überarbeitet, das *Rheinische Wörterbuch*, digitalisierte Fassung im Wörterbuchnetz des Trier Center for Digital Humanities oder das *Westfälische Wörterbuch, digitalisierte Fassung im Wörterbuchnetz des Trier Center for Digital Humanities*. Von großer Hilfe waren bei den Recherchen auch meine Kenntnisse zum Niederdeutschen, insbe-sondere zum Drolshagener und Wendener Platt, die häufig eine schlüssige Erklärung geben konnten, die trotz allen Kenntnisreich-tums und wissenschaftlicher Akribie einem dieser Sprache Unkundi-gen verborgen bleiben, wie es sich u.a. am Beispiel von Wormberg, Sendschotten oder Kram weiter unten zeigen wird. Hilfreich dabei war auch meine Frau Dorothee, die das Drolshagener Platt als aktive Sprache kennt und manchen Tipp geben konnte und manche Korrek-tur meiner Ausführungen und Annahmen vornahm.

Nicht immer konnte ich eine eindeutige Deutung der Ortsnamen vor-nehmen. Das war auch in den von mir geschätzten Ausführungen von Michael Flöer häufiger der Fall, der ein hervorragender Kenner der altsächsischen Sprache ist, aber keinen Zugang zu den örtlichen, auch niederfränkisch geprägten Dialekten hat. Ich habe mich dann – wie er – auf die mir plausibelste Deutung entschieden. Ob diese auch weiter-hin tragfähig ist, wird eine – hoffentlich erfolgende – Fortführung meiner Recherchen bringen. Wissenschaftliche Untersuchungen müs-sen immer anschlussfähig bleiben.

Eine Zusammenstellung der in diesem Buch in den Zitaten verwende-ten Kürzel sind am Ende der Anmerkungen zu finden. Im Sinne wis-senschaftlicher Redlichkeit sind die Kürzel in den Zitaten übernom-men. Alle Anmerkungen sind wegen der umfangreichen Quellenanga-ben aus Gründen besserer Lesbarkeit als Endnoten verfasst. Die Rechtschreibung in den Zitaten entspricht der in den Originalen.

Die Grundworte

Um die Ortsnamen zu verstehen, ist der Blick zunächst auf die Grundworte zu richten, die dann jeweils eine Kategorie bilden. Die in einer Kategorie zusammengefassten Ortsnamen haben dasselbe Grundwort, mal im Klartext, mal verschliffen und unterscheiden sich wiederum durch das Bestimmungswort. Einige der Ortsnamen in Drolshagen bestehen auch nur aus einem einzigen Begriff, Simplex genannt, der dann das Grundwort darstellt. Im Folgenden werde ich diese Kategorien, soweit sie für Drolshagen von Relevanz sind, vorstellen, um bei der Deutung der einzelnen Namen kompakter formulieren zu können. Die sich anschließenden Einzeldeutungen von sechzig aktiven und auf Wüstungen bezogenen Deutungen sind aber wie Lexikonartikel auch einzeln zu lesen und zu verstehen.

Kategorie Grundwort ohne Bestimmungswort – Simplex

Als *Simplex* wird ein einfaches, nicht zusammengesetztes Wort bezeichnet wie Baum, Straße, Haus. Wird bei Ortsnamen der Begriff Simplex gebraucht, handelt es sich um einen einzelnen Begriff, der den Ort benennt, ohne dass ein Bestimmungswort (in der Regel am Anfang) oder ein Suffix (= Endung) eine nähere Bestimmung gibt.

- Beispiele: *Beul, Brink, Bruch, Eichen, Fohrt, Kram, Scheda, Schlade.*

Andere wirken durch die Kürze wie ein Simplex, sind aber ursprünglich durch ein Bestimmungswort näher bestimmt worden.

- Beispiele: *Bühren, Eltge, Husten.*

Kategorie -bracht

Bracht kann in den Drolshagener Namen ein Grundwort, aber auch ein Bestimmungswort sein. Mit *Bracht* wurden zunächst *Fluren* bezeichnet, danach werden aus diesen Flurnamen *Siedlungsbezeichnungen* abgeleitet. Für das Drolshagener Land sind es beispielsweise *Brachtpe, Lüdespert* und *Hützemert*. In diesen Namen sind bereits die verschiedenen Varianten zu erkennen. Während es sich bei *Brachtpe* um das *Bestimmungswort* zu „-apa" (Gewässer) handelt und der Gewässername auf die Siedlung übertragen wurde, findet sich Bracht bei *Lüdespert* als Grundwort in der ältesten Fassung zum Ortsnamen als *Luytzbracht*[9] (1469) wieder[10]. In *Hützemert* begegnet uns die dritte Variante, ebenfalls als Grundwort *Huttzenbracht*[11] (1422), das sich zu einem „-*mert*" entwickelte.

„Bracht-Flurnamen bezeichnen überwiegend größere Areale. In Südwestfalen, im Bergischen Land, im Rheinland und in Hessen ist Waldbestand und Höhenlage typisch ... Eine verbreitete Erweiterung ist hohe Bracht oder Homert , das aus (auf der) hohen Bracht entstanden sein kann"[12]. Festzustellen ist anhand hessischer Analysen – auch in Nordhessen kommt der Flur- und Ortsname häufiger vor - , dass Bracht durchgehend für *Waldgebiete und Areale in Höhenlage* verwendet wird. Dort wird in Bezug auf die fränkische Landnahme (5. – 8. Jahrhundert) angenommen, dass Bracht einen Bergkopf oder eine Höhenlage bezeichnet, die sich als Grenz- oder Beobachtungspunkt eignen würde.

Etymologisch ist das Wort nicht sicher zu erklären. Es lässt sich nicht direkt an altsächsisches oder mittelniederdeutsches Wortgut anschließen[13]. Aber der noch im Mittelalter häufige Gebrauch lässt darauf schließen, dass es sich um ein sprachlich altes Namenselement handelt und dass die Bedeutung „hinreichend allgemein war, um sich zur Benennung von Stellen, Fluren und Siedlungen in einem recht großen

Verbreitungsgebiet zu eignen"[14]. Als Siedlungsname ist es spätestens seit dem 9. Jahrhundert zur Benennung von Siedlungen in Gebrauch[15]. Es geht wahrscheinlich auf ein germanisches Wort *brahti-* oder *brahtjō* zurück, dessen Bedeutung nicht gesichert erklärt werden kann. Das Wort ist nur in Ortsnamen bekannt und fehlt in heutigen Mundarten oder älteren Sprachstufen.

Häufig wurde es auch zu „-berg", „-mert" oder „-pert" umgeformt, da es bereits im Mittelalter nicht mehr verständlich war. Eher ausgeschlossen sind Bedeutungen, die sich an das althochdeutsche *braht* für Lärm, Geschrei anschließen, die *Brache*, den ruhenden Acker, oder *Brake* als Bezeichnung von Gestrüpp und Dickicht.

- Beispiele: Brachtpe, Lüdespert, Hützemert

Kategorie -hausen

In Drolshagen finden sich mehrere Orte, die als Grundwort „-hausen" unmittelbar aufweisen. Das ist zunächst *Frenkhausen*. Auch *Siebringhausen* ist ursprünglich ein „-hausen"-Ort, auch wenn es scheinbar eine „-inghausen"-Endung besitzt. Ebenso besitzt *Iseringhausen* das Grundwort „-hausen", und nicht „-inghausen". Als Singular liegt noch *Neuenhaus* vor und verschliffen *Husten* und *Halbhusten*.

Ursprünglich geht die Namensnennung „-hausen" auf die Zeit der fränkischen Landnahme in der Zeit von 500 – 700 n.Chr. zurück. Das Grundwort fußt auf das in allen alten Dialekten gleiche „*hūs*" (altniederfränkisch, altsächsisch, althochdeutsch). Die älteren Formen weisen noch die Varianten des „husen" als Pluralform auf, die erst neuhochdeutsch eine Veränderung zu „hausen" (Diphthongierung) erfuhren.

Das Drolshagener Land wurde im Zuge der fränkischen Landnahme durch Franken besiedelt[16], die auch hier auf bereits siedelnde Menschen in ihren Orten trafen. Der fränkische Einfluss ist u.a. auch an dem ursprünglich niederfränkischen Dialekt in Drolshagen, der durch das Altsächsische überformt wurde, als ein Mischdialekt oder Übergangsdialekt[17] zu erkennen. Nach 780 n. Chr. ist keine originäre Siedlungsgründung mit dem Grundwort „-hausen" mehr nachzuweisen. Auffallend ist, dass dem Grundwort in fränkischen Siedlungsräumen Ortsbeschaffenheiten als Bestimmungswort vorangestellt werden (z.B. Berghausen), allerdings keine Patronyme, also Personenbezeichnungen. Dies aber wohl in den sächsisch besiedelten Räumen[18]. Das Grundwort ist fränkisch als „Häuser bei…" oder altsächsisch „Häuser des / der…" zu verstehen. Daraus ist zu folgern, dass die Benennungen von Iseringhausen, Husten und Halbhusten bereits zu fränkischer Zeit bestanden haben, während die sich auf Personen- und Stammesnamen beziehenden Siebringhauses und Frenkhausen auf sächsische Bezeichnungen zurückgehen.

Davon zu unterscheiden ist noch einmal die Benennung mit dem Grundwort „-ingen" (wie bei Dirkingen und Steupingen) und die Verbindung dieses älteren Grundworts mit „-hausen" zu dem vor allem sächsisch geprägten Grundwort „-inghausen", was auf Drolshagener Gebiet sehr häufig ist. Dazu in eigenen Kapiteln zu diesen Kategorien mehr.

Ob z.B. Frenkhausen bereits als Siedlung im ersten Jahrtausend nach der Zeitenwende bestanden hat, ist nicht dokumentiert. Anzumerken ist jedoch auch, dass in der Folgezeit auch Ortschaften sekundär mit dem Grundwort bezeichnet wurden.

- Beispiele: Frenkhausen, Siebringhausen, Iseringhausen, Husten, Halbhusten

Kategorie -hagen

Im Stadtgebiet Drolshagen finden sich zwei Orte, deren Grundwort „-hagen" ist, nämlich der Weiler *Buchhagen* und der Hauptort *Drolshagen* und in der Abwandlung des *hagen* zu *hain* als Bestimmungswort auch *Heimicke*. Obwohl es das gleiche Grundwort ist, muss von verschiedenen Bedeutungen ausgegangen werden.

Hagen und das spätere *Hain* ohne den gutturalen Laut „g" geht auf das althochdeutsche *hagan* zurück, was mittelhochdeutsch dann zu *hagen* wurde. Zunächst steht es in der Bedeutung des Dornstrauches wie im mittelhochdeutschen *hagdorn* oder *hagendorn* für den Weißdorn, in anderen Gegenden auch für die wilde Hundrose[19] in Gebrauch ist. Die Dornsträucher wurden als lebendige Zäune um Grundstücke oder Felder angelegt. *„hagen bedeutet den lebendigen zaun, der ja vorzüglich aus dornichtem gebüsch angepflanzt wird"*[20], also im heutigen Sinne eine *Hecke*, was mit *Hag* und *Hagen* die gleiche Sprachwurzel *hag* für *hauen, stechen* teilt.

Für die Drolshagener Orte kommt einmal die Bedeutung des Waldstücks in Betracht. Es ist zum einen nicht der wilde, der Urwald, den die Siedler vorgefunden haben, sondern der gepflegte im Sinne von bearbeitete (Buchen-) Wald, wie er bei *Buchhagen* zugrunde liegt. Zum anderen kann bei *Drolshagen* davon ausgegangen werden, dass es sich um eine *„zum schutze und zur vertheidigung um einen platz oder ein heerlager gezogene einfriedigung"*[21] handelt. Hier hat -hagen die Bedeutung *„der umhegte ort ..., er mag stadt, dorf, oder einzelgut sein"*[22]. Im dritten Fall bei *Heimicke* liegt die erweichte Form des Hagen als *Hain* vor, der ein Gehölz bezeichnet.

Bei Ortsnamen mit dem Grundwort „-hagen" hängt die Bedeutung davon ab, was sich über die Entstehungsbedingungen des Ortes sagen lässt. Für Buchhagen und Heimicke ist von einem Rückgriff auf ein

Areal oder einen Flurnamen auszugehen, während es für Drolshagen das umfriedete Gelände bezeichnet[23].

- Beispiele: Buchhagen, Drolshagen, Heimicke

Kategorie -ingen

In Drolshagen lassen sich zwei Orte finden, die echte „-ingen"-Siedlungen sind. Das sind *Dirkingen* und die Wüstung *Steupingen*. Auch *Gelslingen* endet in gleicher Form, ist aber eine spätere Entwicklung. Dies wird an der entsprechenden Stelle diskutiert und nachgewiesen. Auch Hesse stellt dies so dar[24]. Er hält dazu fest: „Merkwürdigerweise sind die beiden -ingen-Orte Dirkingen und Steupingen südlich von Drolshagen zu finden. Sie bilden hier eine Brücke zu den in dichter Häufung vorkommenden -ingen-Namen in den ... angrenzenden Gemeinden"[25]. Er führt danach die im Oberbergischen liegenden, zum heutigen Reichshof gehörenden Orte wie Erdingen, Denklingen oder Sprenklingen sowie die im Wendener Land liegenden Bebbingen, Döingen, Gerlingen und Ottfingen an. Dort liegen auch die Wüstungen Höëwingen, Deplingen, Wieringen und Winningen und Gemarkungsnamen wie Wormelinge.

Offensichtlich war ihm aber nicht bekannt, dass es sich bei den beiden Gemeinden um fränkisches Gebiet handelte, das anders als die nördlich und östlich von Drolshagen gelegenen Gemeinden wie Meinerzhagen, Olpe und Attendorn nicht sächsisch geprägt bzw. überformt wurden. Das ist bis heute an den jeweiligen Dialekten erkennbar. In Reichshof wird ein mittelfränkischer Dialekt (Ripuarisch) und im Wendener Land ein niederfränkischer gesprochen.

Ortsnamen wurden in der Zeit des frühmittelalterlichen Siedlungsbaus häufig mit dem (männlichen) Namen des Gründers oder ersten

Siedlers oder einer markanten Flur und dem Anhang *–ing* oder *–ingen* (Plural) gebildet, wobei diese Endung „Zugehörigkeit" ausdrückt. Die Entstehung wird mit der fränkischen Landnahme im 5. – 8 Jahrhundert in Verbindung gebracht. Die Gründungszeit kann in deren Spätzeit angesetzt werden

Damit ist auch angesprochen, dass es sich bei den Ortsnamen, die auf „*-ingen*" enden, um überwiegend fränkische Gründungen handelt. Zwar ist „*-ingen*" ein gemeingermanisches Suffix (Endung), aber im fränkischen Sprachraum besonders häufig und ohne die im sächsisch geprägten Raum erweiterte Endung „*-inghausen*". Entstanden ist „*-ingen*" aus dem althochdeutschen „*heiminga*", was so viel bedeutet wie Heimgenosse, aber auch als Kollektiv „Heimgenossenschaft". Daraus wurde der Begriff „*heimingi*" abgeleitet, was mit „*Heimat, ein Ort wo jemand wohnt*" übersetzt werden kann. Daraus hat sich „*-ingen*" als selbstständige Endung entwickelt, um Wohnorte über die Zugehörigkeit zu bezeichnen[26]. In den überwiegenden Fällen ist das Bestimmungswort ein Personenname. Das bedeutet, dass die „*-ingen*"-Orte verstanden werden als „*Ort, wo die Leute wohnen, die zu NN gehören*". Aber auch Ortsbezeichnungen wie bei Steupingen, Höëwingen oder Oedingen sind möglich, nachdem die Endung sich verselbstständigt hatte. Kennzeichnend ist die überproportionale Verbreitung in fränkischen Siedlungsgebieten im ganzen deutschsprachigen Raum und das hohe Alter der mit dieser Endung versehenen Siedlungen.

- Beispiele: Dirkingen, Steupingen

Kategorie -inghausen

Hesse stellt zu diesen Ortsnamen fest, dass sich „die auf -hausen und -inghausen endigenden Namenstypen geradezu auffallend im nördlichen Kirchspiel und gleichermaßen wieder in der ... angrenzenden

Nachbarschaft" [27] ballen. Er nennt die Drolshagener Siedlungen Berlinghausen, Wegeringhausen, Germinghausen, Köbbinghausen, Essinghausen, Siebringhausen und Öhringhausen mit dieser Endung und vergleicht sie mit den Orten in den angrenzenden Gebieten (eine Auswahl) Dümmlinghausen, Hösinghausen, Börlinghausen, Lichtringhausen, Rehringhausen, Lütringhausen, Mecklinghausen u.a.m.

Diese Orte liegen alle in den durch die sächsische Expansion im 6. – 8. Jahrhundert überformten fränkischen Gebieten, in denen auch westfälisch gesprochen wurde und wird, einem Nachfolgedialekt des Altsächsischen. Daraus kann gefolgert werden, dass diese Ortsnamenbildung der altsächsischen Sprachlogik folgt. Das bedeutet, dass die Personennamen, die als Bestimmungswort dienen, durchweg sächsische Rufnamen und in einer Zeit entstanden sind, als die christlichen Namen (Taufnamen; Namen von Heiligen) noch nicht zum Standard gehörten. Vielmehr kann vermutet werden, dass es sich bei diesen Ortsnamen um solche Bezeichnungen handelt, die im Zuge der sächsischen Einwanderung vergeben wurden und damit eben altsächsische Wurzeln und Bedeutungen aufweisen. Bei der Siedlungsgründung wurde der (männliche) Name des Protagonisten (Anführer, Ortsgründer, bedeutende Person) vorangestellt und mit dem Zusatz des „-inghausen" versehen.

Bei dieser Endung „-inghausen" handelt es sich um eine regionale Variante der ansonsten im gesamten deutschen Sprachraum benutzten Endung „-hausen", die schwerpunktmäßig in Westfalen und in Teilen des Bergischen Landes vorkommt. „Sie enthalten als Bestimmungswort einen Personennamen. Mit dem Anfügen des Suffixes -ing wird eine Personengruppe bezeichnet, die zu dieser Person gehört. Das Grundwort „-hausen" steht im Dativ Plural und bedeutet etwa „bei den Häusern". Mit einem Ortsnamen der Form Personenname + -ing + -hausen wurde also eine „Siedlung der Leute des ..." bezeichnet"[28].

30

Die niederdeutsche Form endet auf „*ing-husen*", was wiederum verhärtet als „*-kusen*" ausgesprochen wird, also das „*g*" der „*ing*"-Endung
in die nächste Silbe gezogen wird. In Drolshagen werden im plattdeutschen Dialekt auch einzelne Silben nicht mitgesprochen, sodass beispielsweise Essinghausen gesprochen als „*Äskusen*" erscheint.

Die Orte auf „*-inghusen*" stellen mit 35 Vorkommen die größte Orts-
namengruppe im Kreis Olpe dar.

- Beispiele: Berlinghausen, Wegeringhausen, Germinghausen,
  Köbbinghausen, Essinghausen, Öhringhausen

Kategorie -micke

In Drolshagen finden sich mehrere Orte, deren Grundwort *-micke*
oder *-becke* lautet. Es sind dies die Wüstung *Bermicke* bei Brachtpe,
Dumicke, *Heimicke* und *Hespecke*. Beide Formen gehen auf das althochdeutsche *pah* (sprich: pach), im Plural *pechî*, zurück, aus dem im
Altsächsischen *beki* oder *biki* wurden. Dass es sich bei dem Plattdeutschen „*bieke*" um eine Ableitung aus dem Altsächsischen handelt, ist
an dem Geschlecht zu erkennen, da die Worte in beiden Fällen der
-bieke und der *-micke* weiblich / Femininum sind. Hingegen ist „*der
Bach*", also die hochdeutschen Ableitung, männlich / Maskulinum[29].

Mit *-bēke/-bach* werden zunächst Flussnamen gebildet, wie es bei „*die
Bieke*" in Drolshagen oder die „*Bigge*" zu sehen ist. Erst danach werden diese Gewässernamen auf die an ihnen liegenden Siedlungen
übertragen[30]. Die Bezeichnung *-bēke* löst das ältere *-apa* ab, das in verschiedenen Siedlungsnamen auch im Drolshagener Raum vorkommt
(*Alperscheid, Benolpe*). Wir können daher davon ausgehen, dass die
auf *bēke* oder *micke* ausgehenden Ortsbezeichnungen jünger sind als
die *apa*-Namen. Die Flussnamen erhalten als Bestimmungswort

Appelative (= Eigenschaftsbeschreibungen), die das Aussehen, die Fließgeschwindigkeit oder die Umgebung des Baches näher fassen.

„Mehrfach sind Varianten mit dem Anlaut -m (-mecke, -micke, -mke, -mge) zu beobachten, die auf Assimilation des Anlauts an vorausgehende Konsonanten beruhen"[31]. Diese Form ist im gesamten Sauerland häufig. Diese entstanden aus Varianten des Grundwortes (z.B. -becke, -bicke), wenn sich der Anlaut b- ganz oder teilweise an einen vorausgehenden Konsonanten anglich[32].

Kategorie -scheide

Im Drolshagener Land sind drei Siedlungen bekannt, die das Grundwort „-scheide" tragen. Es sind dies *Alperscheid, Herrnscheid* und *Scheda*. Sofern ein Bestimmungswort verwendet wird, sind es ein *Gewässername* (bei Alperscheid) oder ein *Flurname* (Herrnscheid). Lediglich in Scheda steht das Grundwort einzeln. Im letzteren Fall beschreibt es einen Höhenzug, der eine Trennung zwischen zwei Bachläufen darstellt, was landläufig auch als Wasserscheide bezeichnet wird. Dieser Begriff taucht schon 1380 auf und Grimm bezeichnen es als „wasserscheide, f. erhöhung, von der gewässer nach verschiedenen richtungen rinnen"[33].

Bezogen auf die Bildung von Ortsnamen ist es nicht allein die natürliche (wie beispielsweise ein Höhenzug mit Grenzwald) oder eine politische Grenze, sondern auch ein Bereich, ein Flurstück „*ein Stück Land, das von einem größeren Gebiet getrennt*" ist oder ein „*Ort als Siedlung auf einem ausgeschiedenen Stück Land*"[34]. Letzteres trifft auf „Herrnscheid" zu.

Relevant für Drolshagen ist die mittelniederdeutsche Version, die „schēde" lautet, wie der Ort Scheda in den Regesten Ewig im Jahr 1394 genannt wird.

- Beispiele: Alperscheid, Herrnscheid, Scheda

Kategorie -ohl / -sohl

Ein Ort im Drolshagener Land fällt in die Kategorie -ohl oder -sohl. Es handelt sich um Wintersohl. Unklar bleibt zunächst, ob das s in der Mitte des Wortes zum Grundwort -ohl oder -sohl gehört. Beides ergäbe einen Sinn. Mit „ohl" wäre ein Areal in einer Tallage, die auch durch den durchfließenden Bach als feucht und morastig angesehen werden kann, bezeichnet. Es wäre eine Ableitung von altsächsisch *ouwa*, mnd. *ouwe, ou, oy, oige* 'Aue, Wasserlauf; am Wasser gelegenes Gelände', aus dem sich Aue entwickelte.

Das zweite, mögliche Grundwort kann mittelniederdeutsch *sol, sōl, sal* sein, was stehendes Gewässer bezeichnet, aber auch mittelniederdeutsch *sōle* als Flurname für eine morastige Stelle, Niederung[35].

Die Tallage an einem Bach gibt Sinn für beide Versionen.

- Wintersohl

Kategorie Schotten

Zwei Ortschaften enthalten als Grundwort -schotten. Es sind Fahrenschotten und Sendschotten. Der Begriff Schotten kann auf zweierlei Arten entstanden sein. Zum einen kann es sich um eine Randlage handeln, also im Sinne von abgeschottet. Auch ein Bezug zur letzten

Furche auf dem Acker, die auch als „*Schotten*" bezeichnet wurde, mit dem also die Arbeit abgeschlossen war, ist möglich.

Die andere Variante, die für die Drolshagener Orte zutrifft, ist eine durch die Verschriftlichung erfolgte Übertragung des Abgeschotteten entstanden, die aber in der Sache nicht zu halten ist. Die Deutungen bei den Beispielen.

- Beispiele: Fahrenschotten, Sendschotten

Kategorie Landschaftliche Eigenheiten

Eine ganze Reihe von Ortschaften, z.T. als Simplex beschrieben, z.T. mit Bestimmungsörtern genauer gefasst, finden sich im Drolshagener Land. Diese werden bei der Darstellung der Ortsnamen in Einzelnen genauer gefasst.

- Beispiele: Brink, Bruch, Kalberschnacke, Fohrt, Beul, Schürholz, Kram, Junkernhöh

Mit einem Verständnis zu den Grundworten, wie soeben dargestellt, lassen sich nun auch die sechzig verschiedenen Ortsnamen verstehen. Die nun folgende Aufzählung erfolgt alphabetisch. In den Texten ist eine Zuordnung zu den Kategorien angegeben.

Die Ortsnamen heutiger Siedlungen

Alperscheid

Die ältesten Nachweise für die Existenz einer Wohnstatt mit dem (variierenden) Namen Alperscheid stammt von 1469 und lautet *Alpyntscheide*[36]. Das hier vorkommende „t" ist ein lautlicher Zusatz, der sich aus dem Übergang vom „n" zum „sch" ergibt. In den späteren Nachweisen fehlt er konsequent. Etwa 100 Jahre später taucht der Name in zwei Varianten im selben Dokument auf und zwar als Alperschet[37] und *Alpenschedt*[38]. Nach M. Flöer ist aber damit nicht gesichert, welche der Varianten die ältere und damit ursprüngliche ist. Bis 1706 wechseln sich die jeweiligen Begriffe ab, bis 1806 endgültig der heutige Name *Alperscheid* in Gebrauch ist.

Das Grundwort ist „*-scheid*", womit eine natürliche Grenze, die durch eine Geländeformation gebildet wird, oder eine gestaltete, politische Grenze gemeint ist. Es kann sich aber auch um eine Gemarkungsbezeichnung handeln, die durch eine der beiden Formen eingeschlossen ist, was z.B. bei dem „*Herrnscheid*" (Flurname und wüstgefallener Ort) in Drolshagen anzunehmen ist.

Weniger eindeutig ist das Bestimmungswort „*alpen*" oder „*alper*". Auszuschließen ist der Bezug zu dem Gebirgszug der Alpen. Auch ausschließen möchte ich den Bezug zu dem Personenname „*Albo*", der als „*Alvo*" im altsächsischen Sprachraum auftaucht. Hier müsste eine zweifache Veränderung stattgefunden haben und zwar von „*v*" (=w) zu „*b*", was für den Drolshagener Sprachraum nicht ungewöhnlich wäre. Aber wie es zu einer Verhärtung des „*b*" zu „*p*" kommen soll, bleibt ungeklärt, zumal der örtliche Dialekt die weicherer Variante bevorzugt und eher wieder vom „*b*" zum „*w*"[39] wechselt.

Eher anzunehmen wäre ein Gewässername. Zwar gibt es zunächst keinen Bach oder Fluss mit dem Namen „Alper", aber nicht weit von der Siedlung Alperscheid liegt der Ort *Olpe* mit dem gleichnamigen Fluss, der dort in die Bigge mündet. Dieser Name wird von zwei Worten gebildet: „ol" und „apa", was zusammengezogen einen Bach in einem feuchten Grund bedeutet. Das Wort „ohl" haben wir u.a. im Drolshagener Wintersohl wie auch in anderen Ortsnamen wie Listernohl, Freienohl.

Nun ist zu beachten, dass beispielsweise das indogermanische „el" = „fließen" sich germanisch zu „al" verdumpfte[40]. Das ebenfalls germanische Wort für Wasser „apa" taucht auch verkürzt als die Endung „-pe"[41] auf. In dieser Verbindung als „fließendes Wasser" könnte sich „al-pe" ergeben. Parallelen dazu gibt es bei den Flussnamen im Wendener Land, wo der eine „Elbe", der andere „Albe" genannt wird. Danach wäre Alperscheid ein Ort an einer natürlichen Grenze an einem fließenden Wasser.

Eine andere Lösung wäre der Bezug zur benachbarten Ortschaft Olpe. Flöer geht davon aus, dass die in Südwestfalen häufigen „Olpe"-Bezeichnungen auch auf eine Verdumpfung des „a" zu „o" zurückgehen können. Damit wäre „Alpe" der ältere Name. Auf der Anhöhe vor dem heutigen Frenkhausen gelegen, könnte es auch die Bezeichnung einer Siedlung an der Grenze des Olper Bereichs sein. Der Name würde dann „Ort an der Scheide des Olper (Alper) Bereichs" bedeuten.

Zusammenfassend ist zu sagen: Alperscheid ist eine Ortschaft, die an einer Grenze liegt oder von dieser ihren Namen bekam. Und egal, welche Lösung für „Alper-" bevorzugt wird, es hat etwas mit der feuchten Niederung und dem fließenden Wasser zu tun, beides ja nicht untypisch für das südliche Sauerland. Und da der Name wohl vor der altsächsischen Verdumpfung des A zu O gebildet wurde, ist eine alte

Variante durchaus anzunehmen. Ich präferiere die alte Flurbezeichnung, die auf *Olpe* als Ort und Fluss zurückgeht.

Benolpe

Eine Deutung des Ortsnamens Benolpe ist aus mehreren Gründen
nicht einfach. Schon sehr früh liegt der Name in der heutigen Form
fest. Dadurch ist eine Ableitung über frühere Nennungen schwierig
bis unmöglich. Schon für 1394 heißt es bei J. Hesse im Rahmen der
Zehnterlöse des Klosters Drolshagen „Benoilpe"[42]. In einer Abschrift
aus dem 16. oder 17. Jahrhundert[43] wird für 1510 der volle Name
Benolpe angeführt wie auch 1536 in den Schatzungsregistern[44].

Die Deutung von Flöer, der die Parallele zum Benolpe bei Kirchhun-
dem zieht, ist nicht in jeder Hinsicht zielführend, da das dortige
Benolpe in einer Tallage zu finden ist, an einem Bach oder Fluss mit
dem Namen Olpe, einer häufiger im Sauerland vorkommenden Bezeichnung für Fließgewässer.

Das ist alles für das Drolshagener Benolpe nicht der Fall, allenfalls liegt
vor dem Ort die Wormicke, der Bach, der dem Ort Wormberg den
Namen gab. Der kleine Siepen unterhalb der an einem Hang liegenden
Ortschaft Benolpe bleibt namenslos. Daher kann der Name also nicht
gebildet werden.

Diese Unsicherheit zeigt auch Flöer, der einen unsicheren, aber
sprachlich und sachlich möglichen Anschluss findet. Er geht von
„benol" aus, das als Bestimmungswort in Gebrauch ist für die im Mittelalter bekannte und verwendete Heilpflanze „Beinwell", ahd. *bein-
wella*, as. *benwella*. „Nimmt man eine Zusammensetzung dieses Wortes mit dem GW -apa an (Bēnwel(l)apa), konnte das inlautende -w-
nach einem Konsonanten (-n-) seit as. Zeit schwinden (Gallée,

Grammatik § 190). Der unbetonte Anlaut des GW -apa wurde synkopiert. Das Ergebnis Benelpe mit schwach betontem Mittelvokal konnte, als der Name undurchsichtig wurde, unter dem Einfluß des GewN und ON Olpe zu -olpe umgebildet werden. Beide ON Benolpe beruhten demnach auf GewN, die mit 'mit Beinwell bestandenes Gewässer' zu umschreiben sind"[45]. Damit ist Benolpe zunächst ein Flurname, der dem weiter oberhalb gelegenen Ort die Bezeichnung gab.

Ich gehe von einer weiteren Möglichkeit aus. Das Grundwort für *Benolpe* (Drolshagen) ist das „-pe" wie vergleichsweise in *Brachtpe* als eine Verkürzung des „-apa" für Wasser. Das gesamte Grundwort als „-olpe" muss jedoch nicht zwangsläufig (wie bei der Ortschaft Olpe oder bei dem Kirchhundemer Olpe) ein Bachlauf sein, sondern kann auch (nach Jellinghaus) die Bedeutung „ohl" = Sumpf und „apa" = Wasser haben. Das heißt, dass nicht nur das fließende Wasser gemeint ist, sondern auch das an die Oberfläche tretende Wasser[46] (wie im Plattdeutschen schwitzen häufig auch als „ölen" bezeichnet wird). Als Bestimmungswort kommen zwei weitere Worte in Betracht. Da ist zum einen das westfälische Wort für Binse als „*bente*", was zusammengesetzt „*bent (e) -ol-pe*" lauten würde, also der mit „Binsen bestandene Sumpf" als Flurname. Das „t" kann im Lauf der Zeit verschliffen werden. Eine weitere Möglichkeit ist über das von Jellinghaus angeführt Wort für Wiese, das „been" oder „benne" lautet und nicht mehr im Gebrauch ist[47]. Auch das Rheinische Wörterbuch kennt diesen Begriff als „Bänd", „vom Wasser durchflossene oder am Bach liegende, nicht eingefriedigte, baumlose Heuwiese, Bachwiese, meist abgelegen; Wiese im Talgrund, die sich durch Feuchtigkeit auszeichnet, vielfach mit Binsen bestanden"[48]. Danach würde der Ortsname zunächst ein *Flurname sein, der den Sumpf (in) der Wiese kennzeichnet*, woraus der Name für die oberhalb errichtete Siedlung entstand. Aber auch das ist sehr unsicher. Eine eindeutige Bezeichnung kann nicht erfolgen, ich halte aber die letzte für wahrscheinlicher. Diese

Annahme wird noch gestützt durch einen Hinweis von dem Benolper Sturmi Engel, der auf die Lage des ursprünglichen Ortes in der Tallage an dem namenlosen Siepen verwies. Dort sind historische Bodenfunde zu einem Gebäude festgestellt worden.

Berlinghausen

Die älteste Dokumentation von *Berlinghausen* findet sich in einer Verkaufsurkunde über das Gut Neuenhaus von 1349, wo ein *Conraydt von Berlekusin*, einer der „*Kirchspielsleute*" zu „*Droylshain*"[49] als einer der Zeugen genannt wird. 1363 lautet der Siedlungsname *Berlinkusin*[50]. Abgesehen davon, dass in den vorliegenden Formen zum einen die niederdeutsche Version des „*husen*" und die Kontraktion des „*-inghausen*" zu „*-kusen*" erfolgt, zeigt sich in dem Bestimmungswort der Personenname wechselnd mit „*l*" als „*Berlinkusin*"[51], 1485 *Berlinchusen*[52] oder 1543 *Berlinghaußen*[53] und mit „*n*" als 1419 *Berninchusen*[54] oder 1543 *Berninghaußen*[55] (in demselben Dokument wie *Berlinghaußen*).

Das Grundwort ist wie bei allen echten „*-inghausen*"-Namen im Raum Drolshagen die Bezeichnung für einen „*Ort, wo die Leute des ...wohnen*". Hingegen können die jeweiligen Formen des Bestimmungswortes, also des Personennamens, durchaus aus unterschiedlichen Quellen stammen. Für die „*l*"-Version spricht der Personenname *Beril(o)*, der etymologisch mit dem altsächsischen und althochdeutschen *bero* = Bär in Verbindung steht. Eine zweite Möglichkeit ergibt sich aus dem älteren Namen *Berning*, der sich zu der jüngeren Version des *Berling* entwickelte. Auch dieser Rufname geht auf das althochdeutsche *bero* , altsächsisch *bero* , *bern* 'Bär'[56] zurück. Der Personenname *Bern*(i) bzw. *Berno* ist Altsächsischen gut bezeugt[57]. „Da vor dem -ing-Suffix die Flexion nicht festzustellen ist, kommt sowohl die stark flektierte Form Bern(i) als auch die schwach flektierte Form Berno in Betracht. Deutung: 'bei den Häusern der Leute des Berilo bzw. Bern(i), Berno'"[58]. Eine eindeutige Festlegung auf eine der Versionen ist nicht möglich.

Beul

Beul gehört zu den kleinen Weilern in der Umgebung von Bleche wie Hammerteich oder Neuenhaus. Ähnlich wie Neuenhaus wird der Ort bereits im 14. Jahrhundert in Dokumenten aufgeführt mit einer möglicherweise in Abschriften bereits modernisierten Form: 1343 *[Hermann gt. de] Beuele* [59]. In den Schatzungsregistern wird 1543 *Teilß in den Bule*[60] erwähnt. Ab 1556 wechselt das „u" zum Umlaut „oe" bzw. zu „o". Es wird zu *Boele*[61], *Boell*[62] und schließlich zu *Beul*.

M. Bieker hat bereits auf die Bedeutung „kleiner runder Hügel" verwiesen. Flöer bestätigt diese Deutung, geht allerdings nicht wie Bieker von dem Grundwort *bol* aus, sondern von *-buhil* und begründet dies mit der Entwicklung des Umlauts[63]. „Im älteren appellativischen Wortschatz des Deutschen sind ahd. buhil, mhd. bühel und mnd. bül 'Hügel' bezeugt, aus denen sich ein gleichbedeutendes, aber nicht belegtes as. buhil erschließen läßt. Die weitere Etymologie des Wortes ist unklar"[64]. Die Lage von Beul an einem Hügel lässt die *buhil* – Bühl-Deutung als die wahrscheinlichere gelten: *ein Ort an einem Hügel gelegen.*

Anzumerken ist hier auch noch, dass es im Drolshagener Platt auch immer heißt *„im Beul"*, also mit einem Dativ versehen, was mit Versionen von 1565 und 1583 korrespondiert, die von einem *Johanman im Boell*[65] sprechen, die wiederum offensichtlich aus dem früheren *an dem Boele*[66] von 1556 hervorgegangen sind. Das Wort „Bühl" für eine Flur ist im Platt noch bekannt, wird aber nicht mehr gebraucht.

Bleche

Den ältesten Hinweis auf den Ort *Bleche* gibt Hesse für 1394 anlässlich der Zahlung von Geldrenten an das Kloster Drolshagen[67]. Hier wird der Ort *Bleke* genannt, was auf den Ursprung dieser Siedlung verweisen kann. M. Bieker schlägt zwei verschiedene Ableitungen vor. Zum einen bezieht er den Namen auf eine *Flachsbleiche*. „Am nahegelegenen Flachsberg sei früher Flachs angebaut worden, den man in der Blecher Wiese gebleicht habe"[68]. Der Bezug kann zum Rheinischen *et Leinen bleke (bleichen)*[69] genommen werden. Bieker bevorzugt diese Deutung, indem er das mittelniederdeutsche *blëiken* für bleichen und *Blëike* für Bleiche, Bleichplatz als maßgebend ansieht.

Aus meiner Sicht sind die Bezüge nicht ausreichend. Geht man z.B. vom heimischen Dialekt aus, so heißt es dort ebenfalls „*blëiken*", also ein Diphtong, bei dem das *i* eher unbetont bleibt. Dies entspricht dem mittelniederdeutschen *bleiken*. Dies würde aber im Ortsnamen einen Dehnung verlangen, sodass es *Bleeche* heißen würde[70].

Nimmt man dagegen – wie M. Bieker auch – den sowohl rheinischen (= niederfränkisch) als auch westfälischen (= niedersächsisch) Begriff *blekk*, der *entblößt* bedeutet, kämen wir ebenfalls zu einem (ehemaligen) Flurnamen. *Blekken* meint im westfälischen Dialekt entblößen, z.B. „*Tiänne blecken*" = die Zähne fletschen[71]. Von Bedeutung ist auch, dass *blekk* sich im Sinne von nackt in erster Linie auf entblößte Körperteile (*blekke föös*) bezieht, nicht auf den ganzen Menschen. Dies übertragen auf Landschaft: *eine entblößter Teil*, was in der Zeit der Rodungen eben *einen freien Platz schaffen* bedeutet. Mittelniederdeutsch sind es *blëk, blik, blecke* im Verständnis *von freier Platz, auch Fläche Landes, Grundstück, Fleck; Flecken, Ort Dorf; eine (kurze) Strecke*[72].

Eine vergleichbare Bedeutung wie auf die Landschaft bezogenes *blekk* hat auch *blank*, das von *blinken* abgeleitet ist. Im Dialekt ist die *Blänke* bekannt, *ein offener, von allen einsehbarer Ort,* der eben „an der Blänke" liegt. Im Grimmschen Wörterbuch heißt es dazu : „BLÄNKE, f. ein kahler, abgetriebner platz im walde, von blank = blosz, baar. blenke, wiese"[73].

Von 1394 bis zum Eintrag in die Schatzungsregister 1536 wird der Ortsname nahezu ausnahmslos mit k geschrieben: 1470 Blecke[74], 1470 Bleken[75], 1510 Bleken[76]. Nach 1570 heißt es dann in verschiedenen Schreibweisen Bleche. An dieser Stelle wäre zu untersuchen, ob das *ch* in einem Assoziierungsvorgang zur Bleiche gewandelt wurde und deshalb in der örtlichen Überlieferung, wie Bieker es beschreibt als „örtlich allgemein bekannte Deutung", Platz bekommen hat. Dies kann jedoch aufgrund der Dokumentenlage nicht weiter erforscht werden. In der örtlichen Ausdrucksweise wird, wie mir bei der Präsentation mitgeteilt wurde, allerdings die langegezogene Version gesprochen. Nach meiner Einschätzung ist es ein Assoziierungsvorgang zur Flachsbleiche, der nicht mit den ältesten Hinweisen übereinstimmt.

Ich gehe wie Flöer von der Deutung des Siedlungsnamens *Bleche* nach einer Flurbezeichnung aus: *„Siedlung an einer freien Stelle".*

Brachtpe

Der Siedlungsname setzt sich aus zwei Begriffen zusammen. Das ist zum einen *„Bracht"*, eine Flurbezeichnung, die vor allem im Sauerland und in Nordhessen verbreitet ist. Der zweite Teil, das Grundwort, ist eine Bildung mit *„-apa"* für Wasser, das ebenfalls in vielen Fluss- und Ortsnamen im Sauerland vorkommt[77]. Damit ist zunächst auch gesichert, dass es sich bei dem Ortsnamen um eine Übernahme von einem Gewässer handelt, der das Tal bestimmenden Brachtpe.

Das Bestimmungswort für das Gewässer und damit auch des Ortes Brachtpe lautet „Bracht", eigentlich eine Flurbezeichnung. Die Gewässerbezeichnung ist selten und gibt noch heute Rätsel auf. „Bracht-Flurnamen bezeichnen überwiegend größere Areale. In Südwestfalen, im Bergischen Land, im Rheinland und in Hessen ist Waldbestand und Höhenlage typisch ... Eine verbreitete Erweiterung ist hohe Bracht oder Homert, das aus (auf der) hohen Bracht entstanden sein kann"[78].

„Weder die Etymologie dieses GW noch seine Motivation in ON sind bisher sicher zu erklären"[79]. Flöer stellt weiter fest, dass „-bracht" sich nicht direkt an überliefertes altsächsisches und mittelniederdeutsches Wortgut anschließen läßt, betont aber auch, dass „es sich zum einen um ein sprachlich altes Namenelement handelt und daß zum anderen die Bedeutung hinreichend allgemein war, um sich zur Benennung von Stellen, Fluren und Siedlungen in einem recht großen Verbreitungsgebiet zu eignen"[80].

Als Siedlungsname ist es spätestens seit dem 9. Jahrhundert zur Benennung von Siedlungen in Gebrauch[81], was sich u.a. an Siedlungsnamen wie Velbert, das 875 als Feldbrahti bezeichnet wurde, ebenso Gummersbach (Gummeresbracht 1109). Offensichtlich war zu dieser Zeit das Grundwort noch geläufig. Zudem gehören beide Orte in den niederfränkischen Sprachraum. Allein in der Aufschlüsselung der Zehntrechte an das Kloster Ewig werden 1469 neben Brachtpe als „Bracht" auch Lüdespert als „Lytzbracht" und Hützemert als „Hutbracht" zuvor schon 1422 Huttzenbracht als „Brachtort" gekennzeichnet. Ob es auch im ursprünglichen Sinne verstanden wurde, ist daraus nicht zu schließen.

Es liegt auch eine Deutung vor, die an hessischen Ortsnamen gewonnen wurde, bei der es sich um die Bezeichnung für *einen kahlen Bergkopf* oder *Teil eines Berges* handeln würde, der sich im Zuge der *fränkischen Landnahme* als Grenz- oder Beobachtungspunkt eignen würde. Flöer, der sich in seinen Analysen durchgehend und kompetent auf die altsächsischen Formen konzentriert, bezweifelt aber die Übertragbarkeit auf die westfälischen Verhältnisse. Dabei verliert er allerdings für die Region des Drolshagener wie auch des Olper und besonders des Wendener Landes deren *niederfränkische Sprachwurzeln* aus den Augen. Hier handelt es sich um ein Siedlungsgebiet der Franken, das nur partiell und bis zum „Sachsenbach" (= Saßmicke) von den Sachsen besiedelt wurde. Insofern können die hessischen Ergebnisse (Grundlage: Rheinfränkischer Dialekt) durchaus eine Bedeutung haben. „Dennoch bleibt die genaue Herkunft und Bedeutung des Wortes Bracht ... unklar. Es geht wahrscheinlich auf ein germanisches Wort brahti- oder brahtjō zurück, dessen Bedeutung nicht gesichert erklärt werden kann. Das Wort ist nur in Ortsnamen bekannt und fehlt in heutigen Mundarten oder älteren Sprachstufen"[82].

Welche Bedeutung haben diese Überlegungen für „*Brachtpe*"? Es ist nicht auszuschließen, aber auch nicht schlüssig nachzuweisen, dass hier der Flurname ein *Areal* bezeichnet, dass sich durch *Höhenlage und Waldbestand* auszeichnet und bereits im Zuge der fränkischen Landnahme gekennzeichnet wurde. Allerdings würde dies nicht auf den Ort Brachtpe zutreffen, der im Tal liegt, sondern sich auf das Gewässer beziehen, das an einem solchen Punkt entspringt. Üblicherweise wurden Gewässer nach dem Quellpunkt bezeichnet, da dieser auch strategisch wichtig war. In diesem Sinne würde *Bracht* der *Flurname* sein, der dem Gewässer den Namen gegeben hat, nach dem im Weiteren die Siedlung ihren Namen erhalten hat. Es wäre dann der Ort, „*der an einem Gewässer liegt, dass aus einer Höhenlage mit Wald kommt*".

Der älteste dokumentierte Nachweis betrifft 1349 einen *Brusekin van Braychtpe*[83], der ein Jahr später 1350 *Broyskin van Braychtpe*[84] genannt wird, dessen Herkunft aber im gleichen Jahr als *Bracht* formu liert wird[85]. Bis 1470 wird wiederkehrend nur Bracht genannt, bis es, beginnend 1510 mit *Dyrich van Brachtpe*[86], (fast) durchgehend zur heutigen Bezeichnung kommt. Auch das Gewässer wird ab 1595 *Brachtpe*[87] genannt, abgesehen von Verschreibungen wie 1628 als *Brachpe*[88].

Der von Flöer vorgeschlagenen Deutung über eine Adjektivform als „*lärmender, tosender Bach*", was sich auf altsächsisch *braht,* mittelniederdeutsch *bracht* bezieht, kann ich im Blick auf das durch die Wiesen ziehende Gewässer nicht zustimmen. Wenn es einen adjektivischen Bezug geben sollte, wäre nach meiner Ansicht die Deutung als *helles, glänzendes Gewässer* denkbar, das auf althochdeutsch *beraht* zurückgeführt würde. Dies könnte auch in Bezug auf die älteste Nennung als *Braycht-pe* mit dem englischen „bright" (gh = ch; glänzend, hell) korrespondieren. Legt man diese Deutung zugrunde, wäre es ein *heller, glänzender Bach*, was der tatsächlichen Erscheinung dieses Gewässers näher kommt. Eine bemerkenswerte Parallele liegt bei dem hessischen Ort Bracht bei Marburg vor. Am 2. Januar 1241 wurde Bracht, soweit bekannt, erstmals in einer auf der Amöneburg bei Marburg ausgestellten Urkunde als *Brachtfe* erwähnt. Die Endung „*fe*" ist wie bei dem Siegerländer Littphe (aus dem Littfeld gebildet wurde) eine sprachlich abgeschliffene Form von „*apa*" = Wasser, Bach. Damit gäbe es auch in Nordhessen ein „*Brachtpe*".

Breitehardt

Zur Gemarkung Wegeringhausen gehörig ist *Breitehardt,* ein ebenso kleiner Ort wie das benachbarte, unterhalb im Tal gelegene *Grünenthal*. Breitehardt hat zurzeit 12 Einwohner, im Übrigen die gleiche Anzahl wie 1969. Das Grundwort lautet *hardt*, althochdeutsch *hart* und *hard*, beide Versionen sind dokumentiert. In unserer Region wird es heute durchgehend mit „*dt*" geschrieben. Es meint einen am Berghang liegenden Wald oder ein Waldstück. Im altsächsischen ist es bekannt und fällt mit *haar* = Höhe, Berg zusammen[89]. Es ist „von alten zeiten her in ortsnamen viel verwendet"[90]. Das Bestimmungswort „*Breite*" ist adjektivischer Form und bezeichnet hier die Ausdehnung. Der auch als „*Breite*" gebrauchte substantantivische Begriff, der eine Ausdehnung einer Wiesenfläche in einer Niederung[91] meint, ist hier nicht angebracht, da Breitehardt an einem steilen Hang, abfallend in das *Dörspetal* an der ehemaligen, kurvenreichen Straße nach *Bleche* liegt.

Die Deutung erfolgt nach einem *Flurnamen, der ein auf der Höhe liegendes ausgedehntes Waldstück* beschreibt.

Brink

Der Ortsname geht auf eine Flurbezeichnung zurück, der dem ausdrücklich niederdeutschen Wort „*brink*" entspringt, das so viel wie grüner Hügel[92], ein Stück hügeliges Grasland, mittelniederdeutsch 'Rand (eines Landstücks, eines Hügels)', erhöhter Grasanger, Rain, Abhang, Hügel[93] bedeutet. Das Wort muss sich schon früh ausgebildet haben, da es bereits in den älteren Sprachstufen der germanischen Sprachen häufig vorkommt. Auffällig ist auch, dass dieses Wort sowohl im westfälischen als auch niederfränkischen Dialekt verwendet wurde, aber abgesehen von den Flurbezeichnungen nicht mehr in Gebrauch ist.

Von der Ortslage her ist dieser Siedlungsname auch bis in die Gegenwart gut nachvollziehbar. Das Dorf schließt sich heute nahtlos an den größeren Ort *Schreibershof* an und liegt oberhalb des *Herpeltals* an leicht abfallenden Hängen, die auch heute noch landwirtschaftlich ge nutzt werden. Gegenüber Schreibershof sind die Dokumente, die auf die kleine Siedlung verweisen, über 100 Jahre älter und beginnen 1355 mit *Otto in deym Brinche*[94]. In den Schatzungsregistern finden sich mindestens 4 steuerpflichtige Personen, die jeweils Familienvorstände oder zahlungspflichtige Eigentümer bzw. Pächter waren. Es sind dies 1543 *Gerharde uf der Brincke, Claes Hanß uf dem Brincke, Herman uf der Brincke* und *Hanß Lise uf dem Brincke*[95]. Der Siedlungsname wird konsequent in der gleichen Form bis 1599 weiter dokumentiert. Einmal geht es 1580 um eine Flurbezeichnung *in der Brincker Sladenn*, in den Brinker Schladen, eine Flurbezeichnung mit dem Grundwort der „Schlade"[96]. Seit 1841 wird Brink im heutigen Sprachgebrauch verwendet[97].

Der Ortsname kann als *Siedlung am Rande eines Hügels* verstanden werden.

Bruch

Für die Zeit von 1470-1500 wird die bis heute kleine Siedlung „*to dem Broyke*" genannt[98]. Dies ist ein Flurname, der sich durch das „*zu dem*" ausdrückt. In den Schatzungsregistern des 16. Jahrhunderts werden 1536 *Gerhart uff deme Broick*[99], 1543 *Jacob zur Brocke*[100], 1565 in einer Abschrift *Heineman zum Broike*[101] und 1645 noch *Henne zur Brake* genannt. Mit letzterem sind 1645 drei Familien aufgeführt. Neben dem *Henne zur Brake, Jacob zur Brocke* und *Wilhelm zur Brocke*[102], was auch den Schluss erlaubt, dass die heutige Einwohnerzahl (trotz der höheren Anzahl der Häuser) der damaligen entspricht. Bei den Wohnstättebezeichnungen, die noch keine Familiennamen waren, wurden die bis heute im Plattdeutschen verwendeten „*k*"-Laute gebraucht. Die Doppelvokale verweisen auf einen langen Vokal, womit das Wort dem mittelniederdeutschen *brōk* entspricht. Ab 1629 wird das dem Hochdeutschen angepasste Wort mit „ch" verwendet wie bei *Gert Leverich zum Broche*[103], bevor es 1788 *zum Bruch*[104] lautet.

Der Flurname „*Bruch*", schon altsächsisch, dann mittelniederdeutschen *brōk*, bedeutet *Bruch-, Sumpf-, Moorland*[105] und wird auf die Siedlung übertragen. In diesem Falle sogar ohne Bestimmungswort[106], sondern als eigenständiger Begriff. Nachzuvollziehen ist der Name durch die Lage des Ortes in der Niederung unterhalb von *Schreibershof*. Auszugehen ist dabei, dass es sich dort um eine wirtschaftliche Nutzung als Weideland gehandelt hat und zugleich der südlich der Siedlung liegende Bereich mit sanften Steigungen auch als Ackerland genutzt werden konnte. Die Siedlung selbst kann als '*Ort am nassen, sumpfigen Land*'[107] verstanden werden.

Bühren

Eine Siedlung auf dem heutigen Gelände der Ortschaft *Bühren* ist möglicherweise schon vor 1232 mit dem *Pastoratshof*[108] zu verzeichnen, der bereits vor der Gründung des Klosters lehnspflichtig war[109]. Das älteste Dokument, das sich auf die Siedlungsstelle bezieht stammt von 1350, wo der Ort *Burin*[110] genannt wird. Der für 1394[111] dokumentierte Siedlungsname lauten *Büren*, ist aber möglicherweise „modernisiert" worden, da 1470[112] 1536[113], 1559[114] und 1581[115] in verschiedenen Schreibweisen von Buren die Rede ist. Dazu wird allerdings 1543[116], 1556[117], 1559[118] und 1579[119] Büren, teils mit „ui" und „uy" geschrieben, das zu „*ü*" wurde wie bei *führen*, das sich aus *fuiren*[120] entwickelte. Im Vergleich dazu auch „Duisburg", das *„Düüsburg"* gesprochen wird. In Abschriften wird auch – wohl durch Angleichung an die Sprechweise zur späteren Zeit der Niederschrift – für 1590[121] und 1601[122] Bueren bzw. Bühren geschrieben, während es 1628 noch einmal Buren lautet.

Nach 1706[123] heißt es Büren und ist erst 1841[124] mit Bühren neuhochdeutsch angepasst in der heutigen Schreibweise zu finden.

Der Ortsname besteht aus einem einfachen Wort (= Simplex). Das Grundwort lautet im Altsächsischen *bur* , im Althochdeutschen *bûr*, was Wohnung, Haus bedeutet. Die Bezeichnung als *burin* lässt auf einen Plural schließen, der dementsprechend Häuser lautet und für Dorf steht. Im Ortsnamen bezeichnet der Dativ Plural eine Siedlung, die mit *„Ort, wo Häuser von Bauern stehen"* beschrieben wird. Eine Präzisierung gegenüber den „-hausen"-Orten ergibt sich nach Jellinghaus aus dem für Westfalen zutreffenden Sinn, nach dem mit *bur* die Bauerschaft, also die Gemeinschaft der Hofbesitzer, zu verstehen ist. Daraus kann auch verstanden werden, dass Bühren eine Bezeichnung der *„Burschaft"*[125], also der auf diesem Areal zu findenden Höfe, ist. Bühren war schon im Mittelalter ein größerer Siedlungsplatz, da für 1556 sechs Höfe verzeichnet werden[126]. Zwei Personen sind im Schatzungsregister 1536 aufgeführt. Die Deutung als *„Areal, wo sich zusammengehörende Höfe befinden"* ist also nachvollziehbar.

Dirkingen

Dirkingen und Steupingen sind die einzigen echten „-ingen"- Orte in Drolshagen. Wie die Orte auf „-ingen" in den Nachbarregionen des Wendener Landes oder Denklingen im Oberbergischen ist auch bei Dirkingen eine fränkische Gründung anzunehmen. Das würde bedeuten, dass die Siedlung bereits um 800 n. Chr. bestand. Nach Jellinghaus bildet „-ingen" hier eine Personengruppenbezeichnung[127]. Er stellt sie unter der Rubrik der Ortsnamen ein, die mit einem Personennamen eine Siedlung bezeichnen, wo die Nachkommen dieses als Bestimmungswort Genannten wohnen.

Herbert Wintersohl nimmt diese Annahme auf und gibt an, dass der Ortsname den Personennamen „*Dirk*" enthalte, was eine Kurzform von Dietrich ist[128]. Er deutet ihn als *den Ort, wo die Leute des Dietrich (Dirk) wohnen*. Der Rufname leitet sich von althochdeutsch *diot*, altsächsisch *thiod* , *thiad* 'Volk' und altsächsisch *rīki* 'Herrschaft, Herrscher, Macht; reich, mächtig' ab. *Dietrich* war im Mittelalter ein sehr häufiger Rufname im deutschen Sprachgebiet[129].

Dass es sich nicht um eine Zusammenziehung (Kontraktion) des „-inghausen" zu „-ingen" handelt, leitet Flöer von der bereits frühen Nennung des Siedlungsnamens ab, da diese Kontraktionen dauerhaft in der Regel erst seit dem 16. Jahrhundert erfolgen[130]. Den ältesten Beleg führt Hesse im Zusammenhang mit den Zehntrechten des Klosters Drolshagen für 1394 mit dem Namern *Dideringkingen*[131] an. Bei dem hier eingefügten „n" handelt es sich um „ein sekundär eingedrungenes -n-, wohl eine Verschreibung, die durch das folgende -ing- angeregt wurde"[132]. Diese Form wird in Varianten bis 1538 aufrechterhalten als (in einer Abschrift) ein Thonies Rosenthaell zu *Dirkinge*[133] erwähnt wird. Mit der Nennung als Rosenthaell ist ein Familienname genannt und die Ortschaft als Dirkingen identifiziert. Als Flurbezeichnung taucht 1581 die *Hoehe van Dirckynghe*[134] auf, bis 1602 der Ort in der heutigen Form bezeichnet wird. Die Variante von 1706 als *Dirickingen* ist sicher eine Verschreibung mit einem Sprossvokal „i" in der Folge der niedergeschriebenen Sprechvariante. 1841 heißt es in den Ortschaftstabellen wie heute *Dirkingen* und wird als Dorf angegeben mit 39 (katholischen) Einwohnern[135] und damit 4 Personen mehr als heute.

Mit Flöer bestätige ich die Annahme von Herbert Wintersohl, dass der Siedlungsname „*Ort, wo die Leute des Dietrich (Dirk) wohnen*" zu deuten ist.

Drolshagen

Der Hauptort des Drolshagener Landes, eben *Drolshagen*, gehört zu den am besten dokumentierten Orten des Stadtgebietes. Der Ortsname ist zweigliedrig mit dem Grundwort „*hagen*" und einem Personennamen „*Drogo*". Der älteste Beleg aus dem 11. Jahrhundert ist in einer Abschrift aus dem 17. Jahrhundert zu finden und lautet dort *Droilshageno*[136]. Der Beleg dazu, woher dieser Begriff kommt, wird nicht angegeben. Vermutlich handelt es sich dabei um eine Nennung in den Werken der Gebrüder Johann und Aegidius Gelenius, die im 16. Jahrhundert ein umfangreiches Kompendium der Kölnischen Geschichte in Kopien und Abschriften hinterlassen haben. Die Nennung wird auf die Zeit des Anno von Köln (1036 – 1075) bezogen. Die Überlieferung ist allerdings unsicher.

Gesichert sind allerdings die Nachweise im *Siegburger Mirakelbuch* (1183 – 1187), in dem der Ortsname einmal als *Drugelshagen*[137] ein anderes Mal als *Drugeshagen*[138] angeführt wird. Dabei ist auffallend, dass Drolshagen im Wendschen Platt immer als *Drulzen* erscheint, also in einer Kontraktion, vor allem aber mit dem Vokal „*u*". Die dort so gesprochene Variante taucht nach 1235 auch in weiteren Dokumenten des Westfälischen Urkundenarchivs auf als *Drulshaen* (1235)[139] und *Drulshan* (1242)[140], auch einmal als *Druleshagen* (1231)[141] auf. Die Verkürzung findet sich auch im Drolshagener Platt als „*Draulzen*" wieder. In anderen Urkunden wird seit etwa 1200 – 1220 der heutige vollständige Name aufgeführt von *Drolshachen*[142] über *Drulshagen*[143] (1258) zu *Drolshagen* (ab 1303)[144]. Verschreibungen oder Niederschriften nach der zeitgenössischen Aussprache finden sich ebenfalls als *Drylshagen* (1289)[145], *Drelshagene* (1302)[146] oder im Schatzungsregister 1536 als *Droilßhagen*[147].

Das Grundwort ist seit den ältesten Aufzeichnungen „*hagen*", was bei vielen Siedlungsnamen die Bedeutung „*umfriedetes Gelände*" besitzt.

Da es für Drolshagen offensichtlich nicht von einem Flurnamen abgeleitet ist, kann die Bedeutung „*kleines Gehölz*" (wie bei Buchhagen) ausgeschlossen werden. Das Grundwort geht auf altsächsisch *hag*(o), althochdeutsch *hagan* 'Dornstrauch', mittelhochdeutsch *hagen*, mittelniederdeutsch *hāgen* 'umfriedetes Gelände, Hecke, Gehölz' zurück[148]. Dieses wiederum gehört „*zu der deutschen wurzel hag schlagen, stoszen, stechen... von der uralten deutschen sitte her, sein gehöft und liegendes eigenthum von seinem nachbar abzuschlieszen... und von dem umstande, diese umfriedigung durch gekapptes buschholz oder stangenholz herzustellen, wird die nächste bedeutung von hag herzuleiten sein, die aus geschlagenem holze hergestellte umfriedigung, zaun*"[149]. So kann von einem umfriedeten Gelände ausgegangen werden, dass das Grundwort prägte. Nach dem Grimmschen Wörterbuch kann es gerade im norddeutschen Raum auch „*zum schutze und zur vertheidigung um einen platz oder ein heerlager gezogene einfriedigung*"[150] bedeuten, was im Zusammenhang mit dem wiederkehrend als Ritter bezeichneten Drogo auch heißen kann, dass es sich um eine Befestigung gehandelt hat.

Dazu ein kleiner Exkurs: Das ursprüngliche Siedlungsareal Drolshagen wird auf der Anhöhe, die heute Buscheid heißt, vermutet. Bei Erdarbeiten 1954 bei der Erweiterung des Sportplatzes wurden alte Mauerreste gefunden, die auf einen Wall hinweisen konnten. Es gab dort entgegen den Erwartungen keine vorgeschichtlichen Befestigungen, wohl aber sind bei den Grabungsarbeiten unter Leitung des Museumsdirektors Beck aus Arnsberg sichtbare mittelalterliche Wallreste gefunden worden. Danach wurde auch ein Straßenzug „Auf dem Wall" genannt. In der Tallage soll erst dann gesiedelt worden sein, als die Wasserversorgung auf dem Berg prekär wurde[151]. Anzunehmen ist daher, dass der erste Siedlungsort zunächst mit einer Holz- und Dornenumfriedung ausgestattet war, die „*hag*" oder „*hagen*" genannt wurde, später aber durch Steinwälle verstärkt worden ist. Dies ist ein

Rückschluss, der geschichtswissenschaftlich zulässig, allerdings nicht belegt ist und wahrscheinlich nicht belegt werden kann.

Das Bestimmungswort zu „hagen" kann wie bei Buchhagen oder Eichhagen ein Hinweis auf die Bepflanzung sein, auf Besonderheiten der Flur oder wie bei Drolshagen ein *Personenname*. Börsch, der sich auf Förstemann bezieht, nennt einen *Drogilo*. „Zur Zeit der Ottonen legte der Ritter Drogilo in dem noch weit ausgedehnten Urwalde im Süden des Sauerlandes eine Stunde von Holipe einen Bifang, Schlag oder Hag an und nannte ihn nach seinem Namen Drogileshageno, und sein Geschlecht... nannten sich nach seinem Orte"[152]. Förstemann jedoch spricht von „Drogo": „*Ich vermuthe hier das goth. driugan ags. dreógan militari. Ein goth. Drauga würde richtig ahd. Drogo heissen*"[153]. Von einem Drogilo ist bei Förstemann nichts zu finden.

Wir müssen also von dem im Althochdeutschen durchaus häufigen Namen *Drogo* ausgehen wie er u.a. bei *Drogo, Herzog der Champagne* (um 670–708) oder *Drogo von Metz* (801–855/856), Bischof von Metz, vorkommt. Das „*l*" ist eine Endung, die eine Verkleinerung andeutet, und damit den Namen zu einem *Kosenamen* macht, der dann *Drōgili(i)* oder *Drōgul(i)* lautet. Sprachlich ist eine Variante Drōgilo nicht möglich[154]. Flöer geht auch davon aus, dass das „*i*" bereits früh abgeschwächt wurde, sodass es zu einem *Drugelshagen* kommen konnte. Die u- Schreibweise wiederum weist auf, dass der Stammvokal bereits früh relativ geschlossen artikuliert wurde, was bis heute gilt. Das o in Drolshagen entspricht dem Laut in „*kommen*", nicht wie häufig gerade von Ortsfremden artikuliert wird mit dem o wie in „*Vogel*". Das *g* fiel über eine Verschmelzung mit der „*l*"-Endung aus, sodass es zu der heutigen Form des Bestimmungswortes „*Drol+s+hagen*" gekommen ist. Mit Flöer kann von einer Deutung: '*(eingefriedete) Siedlung des Drōgili(i) oder Drōgul(i)*' ausgegangen werden.

Ob die Drolshagener Plattdeutsche Version mit „au", also *Draulzen*, von der gotischen Urform stammt, ist nicht unmöglich, aber eher spekulativ. Dass hingegen die Wendsche Form des *Drulzen* eine alte Form transportiert, ist anzunehmen, da Mundarten oft Sprachfossile besitzen, die auf frühere Formen verweisen.

Dumicke

Auch für Dumicke werden verschiedene Begründungen angeführt, wie es zu dem Siedlungs- bzw. Ortsnamen gekommen ist. Hesse[155] geht davon aus, dass es sich um einen zusammengezogenen Gewässernamen handelt aus „*Dun-becke*", der später zu Dumicke wurde. Unstrittig ist das Grundwort hier eine Form der „*Bieke*" oder der „*Micke*", was dem altsächsischen „*bēke*" für Bach entspricht. Unstrittig ist auch, dass der Ort nach dem älteren Gewässernamen bezeichnet wurde. Grundsätzlich sind Gewässernamen älter als die Siedlungsbezeichnungen, die umgekehrt häufig nach Gewässernamen benannt wurden. Auch schon vor der Besiedlung waren Gewässernamen aktiv und dienten u.a. zur Orientierung der ansässigen oder durchwandernden Bevölkerung.

Was aber bedeutete „*Dumicke*", in den älteren Fassungen als *Dudenbike* (1304), *Dudenbecke* (1390), dann in den Schatzungsregistern als *Doumeke* (1536) oder *Dunker Baurschaft* (1543) bezeichnet, bevor es in einer späteren Abschrift zu den Schatzungsregistern „*Dumicker Burrschaft*" (1567) den heutigen Namen bekommt?

Die Annahme von Hesse ist zu verwerfen, da er das Wort „*dun*" als Grundlage nimmt und es mit den Begriffen „*Moder*" oder „*Sumpf*" deutet. Beide Begriffe werden aber bereits früh eigenständig gebraucht. Und die Siedlung liegt, wie typisch im Kreis Olpe, oberhalb des Bachlaufs. Möglich wäre, will man das Bestimmungswort als

„dun" verstehen, die altsächsische Variante von „dun" oder „dunn", was so viel wie *„braun, dunkel, braunrot"* bedeutet[156]. Gewässer im südlichen Sauerland weisen öfter eine durch Eisenoxid hervorgerufene rötlich-braune, eben rostfarbene Tönung auf. Aus den beiden Bestandteilen „dunn" und „bieke" könnte in einer Verschleifung *„dunbecke"* und daraus *„Dunmicke"* bzw. Dumicke auch sprachlogisch entstanden sein.

Dagegen spricht die älteste dokumentierte Form des Siedlungsnamens als „Dudenbike" von 1304, als ein *Gert de Dudenbike* genannt wird. Damit ist in latinisierter Form mit „de", also *„von"*, eine Ortsbezeichnung gemeint. Zu diesem Zeitpunkt war also das Tal besiedelt und hatte einen Namen. Dieser bleibt bis 1469 erhalten[157], wenn auch im selben Dokument eine Seite vorher bereits verkürzte neben einer älteren Form *„in der Dumyke"* erwähnt wird[158], was erneut auf einen Gewässernamen bzw. ein Tal verweist. Welche Bedeutung aber hatte „Duden" und demzufolge: was ist ein *Duden-bach*?

Hierzu werden zwei Varianten diskutiert. M. Flöer geht wegen der relativ jungen Überlieferung davon aus, dass es sich um einen Personennamen handelt, der heute vor allem als Familienname eines Konrad Duden und dessen *Vollständiges Orthographisches Wörterbuch der deutschen Sprache* von 1880 und dem nach ihm benannten regelmäßig erscheinenden Wörterbuch bekannt ist. Flöer setzt den Personennamen eines *Dudo* oder *Dodo* im Genitiv an, „einer Lallform von Rufnamen mit dem Namenglied althochdeutsch *liut*, altsächsisch *liud* ‘Volk' oder althochdeutsch *diot*, altsächsisch *thiod, thiad* ‘Volk' zu Vollformen wie *Ludolf* oder *Dietrich*"[159]. *Dementsprechend sei der Ortsname „wahrscheinlich mit ‘Bach des Dudo/Dōdo' zu umschreiben"*[160].

Bekanntermaßen besitzt das Niederdeutsche keinen Genitiv (mehr), sodass eine Ersatzform mit „von" oder einer Dativform „dem...seine" gewählt werden müsste. Daher gehe ich nicht von der Bezeichnung der Siedlung nach einem Bach, der nach einer Person benannt wurde, aus. Vielmehr wird die Eigenschaft des Baches und damit eine Kennzeichnung des Tals, in dem Dumicke heute noch liegt, als Grundlage anzunehmen sein. Auch die Formulierung der *Donncker Burschafft* von 1536[161] oder der *Duncker Baurschafft* von 1543[162] ist keine Genitivformulierung, sondern die Bildung eines Eigenschaftswortes der Zugehörigkeit wie es bei einem *Berliner* oder *Londoner* ebenfalls in Gebrauch wäre.

Die Lage der Ortschaft und des ursprünglich etwa 6 km langen Gewässers gibt einen Hinweis. Dumicke liegt in einem relativ schmalen Tal, das von dem Dumickebach durchflossen wird. Daher kann zum einen das Bestimmungswort von *„düden"* oder gleichbedeutend *„duen"* stammen, was so viel wie wachsen, anschwellen bedeutet. Ähnliche Bedeutung wie die Hundem, die auch das an- und abschwellende Wasser meint. In diesem Sinne wäre die *„Duden-micke"* der unstete, an- und abschwellende Bach im engen Tal.

„Im 15. Jh. stehen die Formen Dum- und Duden- in derselben Urkunde nebeneinander und somit die sprechsprachlich geläufige, verkürzte neben einer älteren, schreibsprachlichen Form. Die Formen des 14. Jh. zeigen, welche Gestalt das BW ursprünglich hatte. Ein sprachliches Element *Dud-* ist auch sonst in ON zu finden, die auf GewN beruhen"[163]. Dort kann auf eine ältere, im 10. Jahrhundert vorhandene und für Dumicke mögliche, aber nicht dokumentierte Form zurückgegriffen werden. Hier geht es um die „Annahme einer sehr alten appellatischen Grundlage, nämlich idg. *dheu- 'laufen, fließen'"[164]. In diesem Sinne wäre es der *„fließende Bach"*. Oberhalb liegt überflutungsicher die Siedlung, die nach diesem Gewässer benannt wurde. Ein weiterer Vergleich: im Rheinischen Wörterbuch wird ein Begriff angeführt, der auch für regionale plattdeutsche Dialekt gilt: *däuen* oder *deuen*, was soviel wie *schieben, durch drücken bewegen* bedeutet. Dies korrespon diert sowohl mit dem fließen, als auch mit dem auf- und abschwellen. Dadurch ist eine Deutung als heftig fließender Bach für Dumicke auch als „Deumicke" möglich.

Dumicke ist nun der Ort, der an dem gleichnamigen Bach liegt. Ob es der durch Eisenoxyd dunkel, rotbraun gefärbte Bach oder der an- und abschwellende ist, kann nicht letztgültig entschieden werden.

Eichen

Mit der 1349 erfolgten Eintragung des *Lodewig van den Eygin* taucht die heutige Ortschaft *Eichen* in Dokumenten auf. Offensichtlich scheint die Siedlung aber (noch) ein Hof zu sein, wie aus dem ältesten Register der Pfarrkirche Drolshagen zu entnehmen ist. Dies wurde zwischen 1480 und 1510 aufgezeichnet und nennt Einkünfte von 1 Pfund Wachs *„ut dem hove to den Eyken"*[165]. Es müssen wohl viele, besondere oder große Eichen oder ein größerer Eichenbestand gewesen sein, da üblicherweise rund um die Hofgebäude Eichen gepflanzt wurden, wie man heute noch exemplarisch am Hof Fahrenschotten oder in Huppen in der Nähe von Iseringhausen sehen kann. Eichenholz war das beste Bauholz, das sowohl „grün" (ungetrocknet) als auch getrocknet verarbeitet wurde.

Noch 1579 wird der *Hof zu den Eicken*[166] genannt, 17 Jahre später aber ist es das *„D[orf] zün Eicken"*[167], woraus eine Zunahme der Besiedlung anzunehmen ist. *Zu den Eichen* bleibt auch noch bis 1789[168]. Der Ortsname besteht aus dem Einzelwort Eichen, altsächsisch „ēk". Aus dem niederdeutschen „ēike" wird das hochdeutsche Eiche, was vorher „eich" gelautet hat.

Der Ortsname ist auf eine Stellenbezeichnung *„zu den Eichen"* zurückzuführen, wie sie Ende des 15. Jahrhunderts bezeugt ist[169].

Eichenermühle

Die Eichener Mühle wird 1512 in den Heberegistern des Klosters erwähnt, als diese als Bestandteil des Hofes vom Kloster errichtet wurde. Dieser Hof ist durch Tausch mit Bewohnern von Berlinghausen an das Kloster gegangen. Heute bezieht sich der Ortsname auf eben jene Mühle, die noch als historisches Gebäude dort steht[170].

Eltge

Der heute noch aus zwei Höfen bestehende Ort liegt an der Straße von *Berlinghausen* nach *Iseringhausen*. Schon um 1600 bei der Visitation des Kölner Generalvikars Johann Gelenius werden 2 Häuser erwähnt, die Höfe der Kirche Drolshagen waren. In einer alten Kirchenmeisterrechnung vor 1504 wird der Ort noch in seinem alten und vollständigen Namen genannt als *„Hoff erlebich"*[171]. Die erste Erwähnung geht auf ca. 1490 zurück[172]. 1584 taucht in einem Verzeichnis zum Besitzstands des Pastorats Drolshagen der Name *„Erlebiche"* auf.

Damit ist klar, dass es sich um einen Flurnamen des *„Erlenbachs"* handelt, an dem die beiden Höfe gestanden haben (und wohl noch stehen). Der Bach ist heute namenlos und nicht mit der Ellmicke oberhalb von Iseringhausen zu verwechseln. Zur Kennzeichnung der Höfe wurde der Bachname, der markanterweise von Erlen bestimmt war.

Wie aber kam es zu dem kurzen Namen? Zunächst ist das Grundwort *„bieke"*, *„bēke"* oder mit „einem Hauch Hochdeutsch" 1584 *„-biche"*, einer Zusammenführung von „Bach" und „bieke". Auch in anderen Ortsnamen wie *„Bremge"* oder *„Maumke"* hat hier eine Verkürzung zu der Endung *„-ge"* geführt. Auffallend ist, dass es nicht, wie bei dem damals benachbarten Ort *Bermicke* zu einer Veränderung des *„bēke > bieke > micke"* gekommen ist, sondern zu einer Verkürzung.

Nach den einsehbaren Unterlagen ist das Bestimmungswort der Laubbaum „Erle", der bevorzugt an Gewässern wächst. Der Stamm ist germanisch „aliso", woraus mittelniederdeutsch „else" und „elre" wurde. Dadurch erhielt er auch den Namen „Elisenbaum". Mittelniederdeutsch lautet es dann „eller" oder „else", niederfränkisch „elts", Plural „else". In der Verknüpfung des niederfränkischen (auch das Drolshagener Platt hat niederfränkische Wurzeln und Elemente) „elts" mit der Verkürzung des „bieke" als „-ge" entstand der kurze Name des Ortes „Eltge". Der Siedlungsname verweist auf die Flur an dem *mit Erlen bestandenen* Bach[173].

Essinghausen

Auch das heutige Dorf *Essinghausen* wird im Dialekt in einer Kurzform genannt, die (lautmalerisch) „Äßkusen" lautet. Diese Version wechselt historisch mit dem vollen Namen, mit und ohne Dialektkurzform von 1439 *Hinrich van Essenkusen*[174], *Eßkusen*[175], 1490 *Eskusen*[176], 1536 *Eßingkhuißen*[177], 1596 *Essingkhausen*[178] und 1629 *Eskußen*[179], bis es seit 1846 in der Ortschaftstabelle den heutigen Namen *Essinghausen* bekommt.

Auch Essinghausen ist ein echtes „-inghausen"-Dorf, das aber schon früh im 15. Jahrhundert die kontrahierte Form des „-kusen" zeigt. Vermutlich ist der Personenname, der das Bestimmungswort bildet, auch schon im 15. Jahrhundert verändert. Nach Flöer liegt (im Vergleich zu anderen Orten) *Asso* oder *Asco* vor, das auf das germanische *ansu*, altsächsisch *ōs, ās,* eine Bezeichnung der germanischen Götter[180], zurückgeht.

Wenn man zugutehält, dass die echten „-inghausen"-Namen altsächsischen und damit auch vorchristlichen Ursprungs sind, ist dies nachzuvollziehen. Essinghausen wurde also benannt als *„Ort, an dem die Leute des Asso wohnen".*

Die Annahme, dass sich der Name auf eine Schmiede mit einer Esse bezieht[181], ist eher spekulativ. Zwar steht der Begriff Esse schon seit dem 10. Jahrhundert für einen Schmiedeherd oder Schmiedewerkstatt, aber der Bezug zu einem „-inghausen" ist nicht herzustellen.

Fahrenschotten

Hesse verweist darauf, dass bereits im 12. Jahrhundert in einer Hebeliste der *Abtei Herford* sechs namentlich genau bezeichnete Höfe in der Umgebung von Drolshagen verlehnt sind. Dazu gehört auch der Hof *Fahrenschotten*[182]. Hesse nennt die in den Urkunden erwähnten Namen als *Varenskotten, Varnsschott, Varenschotten* und schließt seine Deutung an, dass das Bestimmungswort *vare* = Lehen sei und *Kotten* = Hof meint. Für ihn bedeute das ganz einfach *„Lehnshof"*[183]. Diese Bedeutung ist in der Einfachheit nicht nachvollziehbar und nicht belegt[184].

Zunächst zur Geschichte des Hofes. Der Hof *Fahrenschotten* wird in der Überlieferung 1350 als *[Teleman van] Varenschot*[185] geführt, 1416 als *Varenschete*[186] und 1482 als *Varenschotten*[187]. Die Gesamtbelege zeigen nach Flöer durchgehend das „o", sodass von einem Grundwort „-scheide" abzusehen ist, auch wenn der Hof auf einer Anhöhe liegt. Nimmt man den ältesten von Hesse erwähnten Beleg *Varenskotten*, so ist dieser aufzuteilen in *varen+s+kotten*. Das Grundwort ist also „-kotten", ein noch heute im Drolshagener Platt gebräuchliches Wort für ein kleines Haus, ein Bauernhaus, möglicherweise auch ärmlich, dann aber abwertend gemeint. Im Norddeutschen ist es die *Kate*, das einfache Wohnhaus innerhalb, aber auch außerhalb der dörflichen Gemeinschaft. Dort wohnte der Kätner[188]. Für Fahrensschotten trifft

60

es zu, dass es relativ weit von anderen Orten, insbesondere vom Hauptort Drolshagen entfernt liegt.

Das „*s*" in *Varenskotten* ist als eine Genitivendung zu verstehen, die auf das „*k*" trifft. „Es wäre also anzunehmen, daß diese Verbindung in der Aussprache und den Schreibungen wie das stammhafte as. (= altsächsische) , mnd. (= mittelniederdeutsche) -sk- behandelt worden wäre. Denn für diese Lautverbindung etablierte sich die Schreibung -sch- bereits in as. (= altsächsischer) Zeit neben -sc- und -sk-, und sie konnte in der Neuzeit schließlich analog zum nhd. (= neuhochdeutsch) -sch- zum Reibelaut werden"[189]. Im Orts- (und für Drolshagen auch Familiennamen) Ackerschott handelt es sich dagegen um eine abgeschiedene Lage („abgeschottet"), womit der Name eines Areals (bei Listernohl) im Abgleich (Assoziationsregel) auch zur Bildung des zusammengefügten Grundworts „-schott" werden konnte. Auch die bis heute eher abgeschiedene Lage von Fahrenschotten könnte diese Bildung gefördert haben.

Nun bleibt noch das Bestimmungswort aus *varen+s+kotten*. Eine Rückführung, wie sie Hesse auf ein „*vare*" vornimmt, halte ich, wie bereits erwähnt, für spekulativ und unzutreffend, allenfalls für stark vereinfacht. Daher gehe ich von anderen Grundlagen aus. Da wäre zunächst die Annahme, dass es sich bei *varen* um eine Form eines Personennamens handeln könnte. Nach Förstemann könnte der Name *Fara* vorliegen, aber dieser Name ist ein weiblicher, der für die Benennung eines Areals oder Hofes für die Zeit vor 1200 nicht in Frage kommt. Anders könnte es mit dem Name *Warin*[190] sein, der der Name eines Kölner Bischofs von 976 bis 985 war[191]. Da die Besitzverhältnisse für Drolshagen frühestens aus den Urkunden des 13. und 14. Jahrhunderts zu erschließen sind[192], kann auch nicht auf ein Eigentum oder Lehen seitens des Erzbistums Köln ausgegangen werden, allerdings kann der männliche Rufname *Warin* als Bestimmungswort möglich sein, was dann ein Anwesen (= Kotten) eines *Warin* als Vorläufer des *Varenskotten* als *Varin+s+kotten* gewesen sein kann.

In Anbetracht der Lage von Fahrenschotten auf einer Anhöhe mit einem weiten Blick über das Drolshagener Bergland bis hin zu den Rothaarhöhen und an dem Zusammentreffen des Dumicketals, der Wintersohle und dem Frenkhauser Tal kann auch dies Grund zur Namensgebung sein. Dann würde ein Bezug zum altsächsischen *warôn = beachten, wahrnehmen, behüten, befolgen*[193] und ein kleines Haus bedeuten, das zum Zweck der Beobachtung und Schutz angelegt war. Problematisch bleibt aber, dass *warôn* bereits altsächsisch mit einem „w" geschrieben wird, was nur sehr schwer in ein „v" mutieren kann. Umgekehrt ist es eher möglich. Gegen ein „w" spricht auch, dass der Ort nach den mittelalterlichen Formen des *Varenschot* später mit einem „f" anlautet, also zu Fahrenschotten wird.

Andere Bedeutungen des „*varen*" und „*varn*" sind u.a. das mittelhochdeutsche „*varen*", was soviel wie „*fahren*" meint, allerdings in weit umfänglicherer Bedeutung als heute die Fortbewegung mit einem Vehikel, was sich u.a. im Liedertext des „Ich fahr dahin, wann es muss sein" oder „Innsbruck, ich muss dich lassen, ich fahr dahin mein Straßen" ausdrückt. Es ist also die Fortbewegung im umfänglichen Sinne. In einer Verbindung mit einem Kotten ergibt es aber keinen Sinn.

In einer weiteren Bedeutung meint *varen „feindlich trachten nach, nachstellen, böses im sinne haben gegen, gefährden"* [194]. Aber auch das Gegenteil kann es bedeuten, was sich im Platt als „*Wahre dikk vörme Blitze*" – „*Hüte dich vor dem Blitz*", was eine Aufforderung oder Drohung ist, sich in Acht zu nehmen[195]. All diese Bedeutungen wären für einen Ortsnamen sehr weit hergeholt und haben keinen Zusammenhang mit dem Areal oder einer Funktion des „Kotten" oder des „Schotten".

Geht man aber davon aus, dass das *Varenschotten* nicht wie das neuhochdeutsche Fahrenschotten als „*f*" gesprochen wurde, sondern in der weichen Form als „*w*", ergibt sich ein Sinn, der sowohl zu dem Kotten, als auch auf regionale und historische Besitzverhältnisse passt. Das diesbezügliche Wort ist *die Wahre*, ein Rechtstitel, der sich in Westfalen erhalten hat. Damit ist ein *Nutzungsrecht* gemeint wie u.a. die Rodwahre, also das Recht zu Roden[196] wie auch die Schweinewahre, was eine Abgabe für die Nutzung eines Waldstücks zur Schweinemast bzw. die Einnahmen daraus bezeichnet. Hierher „gehört auch der ausdruck lehenwahre, lehenwaare"[197] Die Währe oder Wahre ist eine gegenseitige Versicherung der Nutzungsrechte, in erster Linie Weiderechte, *„zunächst die währe, die der lehensherr dem lehnsträger leistet, bezeichnet, dann eine abgabe von Seiten des letzteren"*[198]. In der ursprünglichen Bedeutung ist es ein *„gelöbnis der treue, friedenszusicherung, vertrag. ein urgerm. wort, das im mhd. noch vereinzelt vorkommt"*[199]. *„... wahre ist der theil, den ein voller genosse in der gemeinheit zu wahren hat. manches erbe hat zwey wahren; und manches adliches haus sechs und mehrere wahren. eine echte wahre oder ein echtwort wird oft derjenigen befugnis entgegen gesetzt, die ein ander, etwan jure servitutis erlangt hat"*[200].

Wie ist die Verbindung zu „kotten"? In einer in dem Jahr 1780 von Justus Möser verfassten Erklärung *„theilt (er) die westfälischen landeseinwohner in vollerben, halberben und erbkotten"* ein. Und weiter: *„das geringste dörfchen hat mehrentheils seine ganzen, halben und viertelwahren, nach welchen jeder der gemeinen weide und waldung genieszt"*[201]. Ein Erbkotten ist ein kleines Bauernhaus oder Anwesen, das mit einem Nutzungsrecht verbunden ist, das vererbt, aber nicht verkauft werden darf.

In diesem Sinne ist nun *Varenskotten* ein kleines bäuerliches Anwesen, das bestimmte Nutzungsrechte besitzt, die ihm „gewährt" werden und die auch vererbbar waren. Das Bestimmungswort setzt sich

dementsprechend aus „wahren" + „s"(Genitivendung[202]) + „kotten"
zusammen. Dass sich aus dem „v" ein „f" ergibt, ist vergleichsweise
auch bei dem Verbum „fahren" festzustellen, das aus dem mittelhochdeutschen „varen" entwickelt wurde. Die Deutung ist für mich sprachlich, regional und historisch schlüssig, aber aufgrund der fehlenden
Dokumente nicht im Detail beweisbar und ein Beleg aufgrund der erst
späten Überlieferung nicht möglich. Dass daraus ein neuhochdeutsch
klingendes „Fahrenschotten" einschließlich des „h" wie in „fahren"
wurde, ist einem Angleichungsvorgang an das Hochdeutsche zu verdanken.

Feldmannshof

Der älteste Nachweis für den Hof der Feldmanns ist in den Kirchenakten der St. Clemens Pfarrgemeinde für die Zeit um 1650 zu finden, als
ein Peter Feldmann in Feldmannshof geboren wurde[203]. Der Familienname taucht allerdings schon 1565 in den Schatzungsregistern[204] mit
einem Johan Veltman aus der Bauernschaft Husten auf. Das verweist
darauf, dass der Name zu diesem Zeitpunkt bereits in Drolshagen
aktiv ist. Ein weiterer Nachweis ist bei Hesse zu finden, der die Geburt
eines Heinrich Josef Adolf Feldmann, Sohn des Josef Feldmann und
der Anna Christa Greve aus eben Feldmannshof dokumentiert. Heinrich Josef Adolf Feldmann wird von Hesse in der Aufstellung der aus
Drolshagen stammenden Priester erwähnt[205].

Daher ist davon auszugehen, dass der Ort nach einem Hof benannt
wurde, der einem Feldmann gehörte. Grundwort ist „hof" und Bestimmungswort ein Familienname, verbunden durch ein hochdeutsches Genitiv-s, das sowohl Zugehörigkeit als auch Besitz anzeigt.

Fohrt

Die Dokumentenlage für den kleinen Ort *Fohrt* ist sehr schmal. Weder in den Lehnsakten des Klosters Drolshagen noch der Kirche konnte ich einen Nachweis finden. Auch in dem Standardwerk von Flöer gibt es keine Hinweise. Dort ist der Ortsname nicht gelistet. Allerdings sind in den Schatzungsregistern für 1565 zwei Personen aus *Fohrt* vermerkt, die darauf verweisen, dass der Platz zu diesem Zeitpunkt besiedelt war. Zudem liegt die zu zahlende Steuer bei beiden im höheren Bereich, sodass daraus auch geschlossen werden kann, dass es sich um größere Höfe gehandelt haben muss. Es sind *Thies* (= Mattis, Matthias) *uff der Foerdt* (Schulden: 2g10) und *Johann Eggels „daselbst"*[206] (Schulden:3g). Trotz fehlender weiterer Dokumente sei hier der Versuch gewagt, eine Deutung des Ortsnamens vorzunehmen, der sprachlogisch unter Einbeziehung des örtlichen Dialekts von diesen Hinweisen aus vorgeht.

Die Lage des Ortes an der *Brachtpe*, dem Hauptfluss des *Iseringhauser Grundes*, kann nahelegen, dass es dort eine Furt, also eine flachere Stelle gab, an der die Fuhrwerke besser von einem Ufer zum anderen kommen konnten. Damit ginge der Name auf das althochdeutsche *der furt* (um 800), mittelhochdeutsch *vurt*, altsächsisch *ford* n., und mittelniederdeutsch *vörde*, *vörde* m. n. f., sowie *vört, vörd* zurück. In diesen alten Formen ist „Furt" ein maskuliner Begriff, der erst im 19. Jahrhundert feminin zu die Furt wird[207]. Furt also in der Bedeutung „flache Durchgangsstelle in einem Fluß oder Gewässer"[208].

Die Brachtpe ist jedoch nicht so breit oder so reißend, dass es einer besonderen Stelle zum Überqueren bedarf. In einem solchen Fall hätte der Name des *Theis* auch *„an der Foerdt"* lauten müssen. Daher kommt eine andere Bedeutung zum Tragen. Im Drolshagener Platt wird unter einer *Fuar*[209] (z.B. Nuutefuaren = Nussfurt bei Schreibershof) ein ansteigendes Gelände bezeichnet, vornehmlich eine Auffahrt

zu einem höher gelegenen Feld oder auch, wie es im Rheinischen Wörterbuch zu fränkischem Dialekt heißt: *„bewachsener Grenzrain zwischen zwei Feldern"*[210]. Die Vokale wechseln auch in den südsauerländischen Dialekten zwischen den Diphthongen „ua" und dem „o" in
Foër (z.B. Wenden), wie es im mittelniederdeutschen *vōrde* bereits an-
klingt. Eine Ableitung von *„Furche"*, wie es im „Plattdeutschen Wörterbuch Kurkölsches Sauerland" versucht wird, ist nicht nachzuvollziehen, da es in den alten Formen kein Wechsel von *„u"* zu *„o"* gibt,
wohl aber zu *„a"*. Tatsächlich liegt *Fohrt* gegenüber von *Brachtpe* auf
der anderen Seite des Baches vor ansteigendem Gelände, das auch
heute noch landwirtschaftlich genutzt wird. Damit ist unter *„Fohrt"*
eine *„Flur vor und am ansteigenden Gelände"* zu verstehen. So ist auch
Thies uff der Foerdt genüge getan, der eben *auf der Fohrt* wohnt.

Frenkhausen

Frenkhausen weist das Grundwort „-hausen" auf, das ursprünglich
für eine Bezeichnung von Siedlungen steht, die zur Zeit der fränkischen Landnahme in der Zeit von 500 – 700 n. Chr. entstanden sind.
Ob dies auch für Frenkhausen gilt, ist nicht durch Dokumente belegt.
Allerdings geht Josef Hesse auch für die Drolshagener Siedlungen davon aus, dass etwa ein Viertel vor 800 gegründet wurden. Wie er zu
dieser Annahme – außer über die Namensgebungen mit dem Grundwort „-hausen" bzw. „-inghausen" – kommt, wird von ihm nicht begründet.

Der älteste schriftliche Nachweis zur Namensgebung stammt von 1371
mit dem Namen *Vrenchusen*[211], was getrennt verstanden werden muss
als *vrenc – husen*. Hier liegt als Grundwort noch das niederdeutsche
„*-husen*" vor, das erst im 16. Jahrhundert diphthongiert wurde: 1552
[Henrich zu] Frenckhausen[212]. Die plattdeutsche Variante, bei der

Grund- und Bestimmungswort zusammengezogen werden zu (bis heute) „*Frenkusen*" erscheint 1629 als „*Vrenkusen*"[213] bis es 1841 zum heutigen neuhochdeutschen „*Frenkhausen*"[214] wurde.

Flöer geht davon aus, dass es sich bei dem Siedlungsnamen um eine „*-inghusen*"[215] -Bildung mit dem Personennamen *Franko* handelt, da im Mescheder Raum ebenfalls ein Frenkhausen zu finden ist. Diesem liegt jedoch ein *Frenkeschonhodengin* aus der Zeit von 1079-1089 zugrunde. Dass das Mescheder Frenkhausen aus einer „*ing-hausen*" Bildung abgeleitet ist, kann durch 1341-1412 erfolgte die Benennung als *Frenckingckhus*[216] als möglich angesehen werden, bleibt aber auch bei Flöer unsicher.

Dass jedoch das Drolshagener Frenkhausen nach der gleichen Ableitung verstanden wird, ist m.E. nicht nachvollziehbar. Flöer beruft sich u.a. auf Hesse, der Frenkhausen als eine „*-inghusen*"-Bildung bezeichnet, was nicht korrekt ist. Vielmehr schreibt Hesse: „Dagegen ballen sich die auf -hausen und -inghausen endigenden Namenstypen geradezu auffallend im nördlichen Kirchspiel und gleichermaßen wieder östlich und westlich angrenzenden Nachbarschaft"[217]. In der Folge nennt er unterschiedslos die „*-hausen*" und die „*-inghausen*"-Orte in ungeordneter Reihenfolge. Hesse legt sich also nicht fest.

Da keine andere Version als das in verschiedenen Schreibweisen dokumentierte „*Vrenchusen*" vorliegt, kann von einer ursprünglichen Benennung als „*husen*" ausgegangen werden.

Dessen ungeachtet geht Flöer von einer „*-inghausen*"-Bildung aus, die das Bestimmungswort durch den Namen „Franko" erhält. Demzufolge würde der Name „*bei den Häusern eines Franko*" bedeuten. Der Name ist durchaus auf altsächsischem Gebiet bezeugt und gehört etymologisch zum Völkername der Franken. Das aber würde bedeuten, dass der Name im Zuge der sächsischen Besiedlung entstanden ist, da in fränkischen Siedlungsnamen eher Ortsbezeichnungen als Bestimmungsworte erfolgen und eine Eigenbenennung ebenso unwahrscheinlich ist.

Daher ist auch eine andere Variante möglich, die mit dem Ort Saßmicke zu vergleichen ist. Tatsächlich würde eine Bestimmung durch einen Personennamen die Endung „-ingen" erfordern, sodass der Name des Ortes „Fränkinghausen" lauten würde: Dass sich ein „a" zu „ä" bzw zu „e" wandelt, ist nichts Außergewöhnliches. Wenn es aber bei „-hausen" bleiben würde, wäre es eine Ortsbezeichnung, die „bei den Häusern" der Franken lauten könnte. Dies ist durchaus möglich, da Drolshagen am Rande der sächsischen Expansion lag. Das Grundwort „hausen" bzw. „husen" ist die verbreitetste Bezeichnung für einen aus mehreren Höfen oder einem Haupthof nebst abgezweigten Höfen bestehenden Wohnsitz[218]. Daher ist es unwahrscheinlich, dass seitens der siedelnden Franken eine kleine Siedlung nach dem eigenen Volksnamen benannt wurde, wohl aber von den Sachsen. Ein umgekehrter Fall liegt bei Saßmicke vor, das als „Sachsenbach" verstanden wird, aber hier wiederum nicht von den Sachsen selbst, sondern von den im Wendener Land und in der Nachbarschaft wohnenden Franken, für die der Sachsenbach das Grenzgewässer darstellte.

Ich sehe aufgrund dieser Argumentation Frenkhausen ursprünglich als eine „hausen"-Siedlung, die den fränkischen Siedlern zugeschrieben wurde. Das Eigenschaftswort „fränkisch" lautete um 1080 „frenkisga", 1280 „vreinkisci" mit einer Umlautung des „a", also wie in dem ältesten dokumentierten Text des Vrenchusen.

Gelslingen

Gelslingen ist kein echter „-ingen"-Ort, da bis zum Ende des 16. Jahrhunderts das Bestimmungswort „loh" war. Loh steht für ein hochliegendes, weithin sichtbares Gehölz, das in einem Feld liegt. Letzteres trifft auf *Gelslingen* zu, das auf der Anhöhe zwischen Benolpe und Husten liegt. Der älteste Nachweis für diese Siedlung stammt aus 1394 aus den Unterlagen zu den Zehnterlösen des Klosters Drolshagen mit der Bezeichnung *Gelsloe*[219]. Dies bleibt zunächst bis 1470[220], wird zwischenzeitlich auch *tho Geiltzloide*[221], aber dann bis 1596 *Geltzloe*[222] genannt. Ab 1629 wird durchgehend *Gelßlingen* oder *Gelslingen* gebraucht.

Die Endung auf „-ingen" ist eine erst spät erfolgte Anpassung an Nachbarorte wie Steupingen (bereits Wüstung) oder Dirkingen. Auffallend ist, dass das „l" der Endung „loe" erhalten bleibt, sodass die Endung als „-lingen" erscheint. Wie es zu dem Bestimmungswort „Gel" oder „Gels" gekommen ist, bleibt aufgrund der spärlichen Dokumentenlage unklar.

Flör geht davon aus, dass es sich um einen Personennamen handelt. Es sei der „PN Gēli anzunehmen, der mit as. gēl 'ausgelassen, unbesonnen' verbunden werden kann"[223]. Damit würde es das „Waldstück des Gēli" sein. Alternativ dazu kann sich das Bestimmungswort auf das altfränkische *gelo*, altsächsisch *gelu*, neuhochdeutsch „*gelb*" beziehen und würde dann eine Flurbezeichnung „gelbes Waldstück, das weit sichtbar auf einer Anhöhe liegt" bedeuten.

Da unbekannt ist, wann diese Anhöhe erstmals besiedelt wurde, Drolshagen aber bekannt ist für die Anhäufung kleiner und kleinster Weiler und Höfe, ist eine frühe Besiedlung nicht auszuschließen. Ob es dabei eine Namensgebung nach einem Gēli gegeben hat, bezweifle ich, da in vielen Fällen der Drolshagener Besiedlung zunächst ein Flurname als Grundlage angenommen werden kann. Daher gehe ich von der Benennung nach einem (warum auch immer) gelben Waldstück aus. Problematisch bleibt hier jedoch die (echte? Unechte?) Genitivform mit „s".

Germinghausen

Die älteste Nennung dieses Ortes in 1422 als *Germkusen*[224] lässt noch einen „*husen*"-Namen vermuten, was aber durch die Nennung von 1469 als *Germenchusen*[225] und *Germynchusen*[226] aufgehoben ist. Die Endung „*-kusen*" weist hier durch das „*k*" darauf hin, dass ein „*-inghausen*" ursprünglicher ist, bei dem das „*g*" als „*k*" mit in den „*hausen*"-Teil herübergezogen wird. In der Folge bis einschließlich 1532 bleibt es bei dem kontrahierten, plattdeutschen „*kusen*". Erst im Schatzungsregister 1536 wird der volle Wortlaut wieder sichtbar als (Burschafft) *Germyngkhuißen*[227]. Ab 1790 findet sich nur noch der heutige Name *Germinghausen*.

Das Bestimmungswort ist wie bei den anderen „*-inghausen*"-Bezeichnungen ein Personenname. Dieser lautet – von einem skurrilen Schreiber abgesehen, der 1533 Gerdynchusen notiert – durchgehend *Germ-*. Es handelt sich um *Germo*, der gut, früh und auch auf altsächsischem Gebiet bezeugt ist[228]. Auch der heute noch aktive Ruf- und Familienname Germar kann nicht ausgeschlossen werden. Der Siedlungsname bedeutet daher „*Ort, wo die Leute des Germo / Germar wohnen*".

Gipperich

Für diesen heute noch kleinen Ort werden von Flöer zwei Möglichkeiten der Deutung genannt. In beiden Varianten wird Bezug genommen auf den ältesten Nachweis von 1416 mit *Gittenberghe*[229], das als Grundwort „*berghe*" aufweist. Im Altdeutschen Wörterbuch werden zu dem Begriff *Berg* verschiedene Schreibweisen angeführt, zu denen *berch* als auch *bergh*, im Plural *berghe* gehören[230]. Sowohl im Altniederfränkischen als auch Altsächsischen lautet es *berg*, was im

Mittelniederdeutschen zu *berch*[231] wurde. Bis 1543 finden wir in den Dokumenten jeweils eine dieser Versionen vor. Erst danach wird 1556 der Ort *Geperich*[232] genannt.

Diese Form verweist auf eine Kontraktion (Zusammenziehung) des Grundwortes in der niederdeutschen Version des *berch*, das mit einem Sprossvokal „*i*" versehen wurde, die der Sprachpraxis folgt, nach der von der Artikulation zwischen dem „*r*" und dem „*ch*" im Übergang immer ein – wenn auch zaghaftes – „*i*" zu hören ist. Daraus kann sich eine Endung (Suffix) „-rich" entwickelt haben, die in anderen Orten oder Flurnamen, die mit einem Berg zu tun haben, wiederzufinden ist. Dazu zählen u.a. der *Ümmerich* in Olpe, der *Hipperich* in Hünsborn oder die zum *Stupper* von Hesse formulierte Variante *Stupperich*[233]. Die 1557 als Wohnstatt eines *Hannes Halve* genannte Form des *Geitbrich*[234] ist, da ein Einzelfall, nicht mit einem Grundwort *Bruch*, sondern als Verschreiber zu den Formen des Gipperich zu sehen.

Was aber bedeutet das Bestimmungswort? Flöer bezieht es zum einen auf Personennamen wie *Giddo* oder *Gizo*, verwirft dies aber wieder. Des Weiteren versucht er eine Ableitung aus dem altsächsischen *gat* 'Loch (Nadelöhr) zu konstruieren, indem er auf niedersächsische (als Land), niederländische oder englische Ortsnamen verweist, die eben dieses Bestimmungswort aufweisen. Er bevorzugt diese Variante. „Als Benennungsmotiv wird die Lage an einem Durchgang oder Paß im Gelände angenommen, und dieses Motiv wäre auch für Gipperich plausibel, das an einem Taldurchgang zwischen zwei markanten Bergen liegt"[235].

Dem ist zu widersprechen, da Gipperich im Tal liegt und die beiden benachbarten Erhebungen des Herrnscheid und des Windhagen von Höhe, Steigungen oder Form den anderen Bergen des Drolshagener Landes entsprechen. Der Unterschied zwischen Gipperich und den Bergspitzen liegt auch nur bei ca. 50 Höhenmetern.

Er benennt auch eine dritte Variante, wenngleich er diese zugunsten der Version „*Berg an einem Durchgang*" wieder verwirft. Er nennt diese „*Ziegenberg*", was meines Erachtens zutreffender ist. Flöer betont dazu: „Sucht man für das BW (= Bestimmungswort) einen appellativischen Anschluß, könnte es als dial. (=dialektische) Nebenform *gitte, jitte von mnd. gēite, jēite 'Geiß, Ziege' aufzufassen sein ... Die Belege 1491 *Geytberch* und 1557 *Geitbrich* zeigen, daß das BW so verstanden werden konnte. Im Mnd. Handwb. II Sp. 484 wird auf ein selten belegtes *jittenwēide 'Ziegenweide'* zu einem sonst nicht bezeugten *jitte* 'Ziege' hingewiesen, das diese Annahme stützen könnte"[236].

Hier erweist sich ein Vergleich zu Hützemert als hilfreich[237]. Das Wort „*Ziege*" wird im Niederdeutschen, insbesondere der regionalen Version des Drolshagener Platts, nicht gebraucht. Hier ist es die *Hitte* oder *Hippe*, was aus dem Mittelniederdeutschen „*gitte*" und „*jitte*" abgeleitet ist. Mittelniederdeutsch lautet es auch *geite* oder *gête*. Das althochdeutsche *geiʒ* oder *keiʒ* wird zum Standardwort für „*das ganze germ. gebiet, und doch hat gerade in der mitte ein andres wort den platz, ziege, das gegenwärtig auch für das bessere schriftdeutsche wort gilt*"[238]. Das Wort „*Ziege*" hat sich in unserer Region erst durch die Dominanz des Hochdeutschen durchgesetzt. Stattdessen war es die *Geiß* und die plattdeutsche *Hitte*.

Für die Version, dass es sich bei Gipperich von Beginn an um einen Flurnamen handelte, dessen Grundwort „*berg*" ist, herrscht Einigkeit. Dabei ist auch zu berücksichtigen, dass der Begriff Berg im regionalen Dialekt auch ein Synonym für *Wald* ist. Und das Bestimmungswort lautet „*Geiß*".

Bei Gipperich handelt es sich also um einen Flurnamen mit dem Grundwort „Berg", das durch die verschiedenen, aber immer konsistenten Begriffe für die *Geiß* als Bestimmungswort geprägt ist. Es sind u.a. Gitbergh[239], Geytberch[240], Geperigh[241], Jepperich[242] oder Gipperich[243]

Dabei sind auch die Varianten wie *Gitzberg*[244], *Zitzbergh*[245] und *Zittbergh*[246] nachvollziehbar, lautet doch eine Nebenform der *Hitte* auch *Hitz*, was mit *Kitz* verwandt ist. Der Ortsname *Gipperich* folgt also einem Flurnamen, der ein *Areal* kennzeichnet, *das an einem Berg liegt oder ein Berg ist, der für Ziegen vorgesehen ist.* Dieses Areal kann auch ein Wald sein. Für den *Hipperich* in Hünsborn gilt das für Gipperich Gesagte in gleichem Maße.

Grünenthal

Dies ist der kleinste Ort im Stadtgebiet Drolshagen mit 1(!) Einwohner, an der Straße nach Bergneustadt gelegen. Die Schreibweise des „*thal*" erinnert an das 19. Jahrhundert. Der Name besitzt eindeutig das Grundwort *Tal*. Das Bestimmungswort steht im Dativ, sodass es nicht Grünthal, sondern auf „*in dem grünen Tal*" zurückzuführen ist und damit auf einen Flurnamen verweist. Die Lage hinter der natürlichen Grenze auf der Anhöhe bei Wegeringhausen in geschützter Lage bestätigt den Namen.

Halbhusten

Es könnte naheliegen, den Nachbarort von Husten mit der Bezeichnung *Halbhusten* als eine von dort erfolgte Ableitung zu verstehen, dass z.B. Halbhusten ein kleineres *Husten* ist. Dies ist aber weder historisch noch etymologisch haltbar. Zwar wird nach der wohl ältesten Nennung von 1394 *Halffhusen*[247] bei Hesses Auflistung der Zehnterlöse benannt, in den Regesten des Klosters Ewig 1469 wird jedoch bereits *Halfhusten*[248] formuliert, aber in derselben Urkunde 1470 wieder *Halfhusen*[249]. 1512 lautet es noch einmal *Halbhusten*[250], was aber nach 1529 in verschiedenen, unabhängig voneinander erstellten Urkunden *Hallfhusen* in wechselnder Schreibweise lautet[251]. Nach 1605 erfolgt die Benennung als *Halbhusten*, wobei dieses Dokument noch eine *Abschrift* ist, in der der Ortsname bereits der damaligen Sprechweise angepasst sein könnte. Nach 1790[252] erfolgt durchgehend die Benennung als *Halbhusten*

Die älteste Überlieferung verweist auf eine 1394 verfasste Urkunde zu den Zehnterlösen, und zwar in derselben wie zum Nachbarort Husten. Der Unterschied in der Benennung beider Orte ist hier deutlich zu erkennen: *Huystede* für *Husten* hier, *Halffhusen* dort für Halbhusten. Im weiteren Verlauf nehmen beide Ortsnamen bis 1605 eine eigene Entwicklung. Erst von diesem Zeitpunkt an wird statt „*husen*" im Grundwort „*husten*" angeführt. Da es sich um eine Abschrift handelt, ist davon anzunehmen, dass eine Abgleichung des Schreibenden zu dem nur einen halben Kilometer entfernten Nachbarort erfolgte (Assoziationsvorgang). „Erst neuzeitlich erfolgte dann mit Scheele die endgültige Angleichung des Zweitglieds an den ON Husten. Das BW ist mit mnd. half f. 'Hälfte', mnd. half n. 'halber Anteil, Hälfte' zu stellen"[253].

A. Scheele „stellt fest, daß das Zweitglied des ON überwiegend in der Form *-huisen* oder *-hausen* überliefert sei und vermutet, daß es erst unter dem Einfluß des ON Husten zu -husten wurde. Das Erstglied, das in den älteren Belegen stets als *Half-* erscheine, sei nicht mit halb 'klein' zu verbinden, vielmehr mit dem mittelalterlichen Begriff des *Halfen* oder *Halfmanns*. Damit sei jemand bezeichnet worden, „der die Hälfte eines Hofes oder einer bestimmten Grundstücksfläche als Pachtgut oder Lehen bewirtschaftete". Der ON bedeute demnach „*Hofstelle eines Halfmanns*" [254].

„Mit mnd. half 'Hälfte' sind ... zahlreiche mnd. Wörter gebildet. Eine Kurzform half für mnd. halfman 'Pächter, der Abgabe der Hälfte des Ertrags das Land bebaut' ist im Mnd. nicht belegt"[255]. Daher zieht Flöer die Deutung von Scheele in Zweifel und bietet eine Ersatzlösung. Ihre Deutung „kann deswegen nicht als Erstglied einer älteren Bildung mit dem GW -hūsen angesetzt werden. Das Mnd. kennt dagegen ein Kompositum halfhūs 'kleines Haus mit Pultdach, Bude', gewissermaßen ein 'halbes' Haus. Auf diese Weise wäre eine Siedlung mit vergleichsweise kleinen Häusern benannt worden, die sich vielleicht von einem Dorf mit größeren Höfen und deren Nebengebäuden unterschied"[256]. Dem steht entgegen, das z.B. im Schatzungsregister für Rothenborn (Gemeinde Wenden) 1536 „der Halfe" genannt wird und für Hillmicke ein Hanneß Halffe[257]. Für Gipperich, also den Drolshagener Bereich, wird auch 1557 ein *Hannes Halve* angeführt. Dieser Familienname ist auf Halfmann oder eben Halbe zurückzuführen, wie heute noch viele Familien im benachbarten Wendener Land genannt werden. Hesse erwähnt auch einen *„Klosterhalfmann in Ronnewinkel"* im Zusammenhang mit Stupperhof.

Beide Benennungen sind möglich. Eine Festlegung auf eine der beiden ist aufgrund der Dokumentenlage nicht zuverlässig, ich plädiere allerdings für die Version von A. Scheele.

Hammerteich

Bei *Hammerteich* handelt es sich um eine Flurbezeichnung, die in Zusammenhang mit dem benachbarten Ort *Neuenhaus* zu sehen ist. „Im Jahr 1517 wird eine Hammerstatt erwähnt, als Äbtissin Anna von den Steinen dem Godert Brandenberch und seiner Frau Greitgen einen Hammer mit genanntem Zubehör, gelegen zu dem „Nigenhuse" im Kirchspiel Drolshagen...verleiht"[258]. Das Kloster besaß weitere

Hämmer im Fredebruch, bei Berlinghausen, an der Wormicke (heute Reckhammer) sowie in Berlinghausen an der Lister und zwischen Brachtpe und Berlinghausen[259]. Neuenhaus ist bereits 1349 in Dokumenten erwähnt[260]. Möglicherweise wurde ein zu dem Hammer gehörender Teich später für eine in dem Ort Hammerteich bis 1917 betriebene Fruchtmühle weiterbenutzt[261]. Der Ort wurde nach einer Flurbezeichnung benannt.

Heiderhof

Heiderhof wurde wie Potzenhof im Jahr 1409 von der Äbtissin des Klosters Drolshagen von dem Ritter Cord v.d. Horst auf Schloss Heiligenhoven bei Lindlar erworben. Es ist aufgrund fehlender Dokumente nicht nachzuvollziehen, ob der Hof bereits diesen Namen getragen hat oder später bekommen hat.

Wahrscheinlich aber ist, dass es sich zunächst um einen Flurnamen gehandelt hat, wie aus den Kirchenakten für das Jahr 1518 festzustellen ist. Am 3. Mai verkauft *Hans von dem Hede* ein Fuder Heuwachs *„under dem Hammergraven to dem Hede, anstoten unserer leven Frown erwe und gudt“*[262]. Das „von dem“ lässt darauf schließen, dass es der Name des Hofes ohne Zusatz war, andernfalls würde Heide und Hede im Femininum stehen. Zudem weist dieser Auszug darauf hin, dass an der *Brachtpe* ein Hammerwerk gestanden hat, dessen Eigentümer das Kloster war.

Hede (f) ist ein niederdeutsches Wort, das nicht den Bestand mit Heidekraut, wie es nach zu intensiven Rodungen sich oft entwickelt hatte, meint. Vielmehr bedeutet es als *„hêde“* soviel wie „Abscheidung“[263]. Diese Bedeutung steht im Zusammenhang mit den Abfällen aus, die bei der Herstellung von Flachs anfallen und weiter genutzt werden, die *Hede* und auch „*werg*" genannt wurden. *Wilhelm Ailde zum Heed* war Lehensrichter in Drolshagen, sein Siegel bildet Hesse ab.

Es ist davon auszugehen, dass das Bestimmungswort nicht „*Heide*", also wenig fruchtbares, durch Rodung ausgelaugtes und mit dem anspruchslosen Heidekraut bewachsenes Stück Land ist. Ein solcher Hof würde nicht belehnt oder verkauft. Auch gibt die eher feuchte Lage im Brachtpetal nahe am Gewässer keinen Anlass, von einer Heide zu sprechen. Ich gehe vielmehr davon aus, dass die Bedeutung des Abgeschiedenseins oder die Verarbeitung von Flachs als Grundstoff für Leinen eine Rolle spielte. Aufgrund einer sehr mageren Dokumentenlage ist nur die Negativabgrenzung zur Heide möglich. Das Wort wurde in einem Assoziationsvorgang der Anpassung an das neuhochdeutsche *Heide* angepasst, da *Hede* nicht mehr zum allgemeinen Wortschatz gehörte.

Heimicke

Noch heute wird von jemandem, der in der Ortschaft Heimicke wohnt, gesagt, dass er „*in der Heimicke*" wohnt. Dies verweist wie der 1536 im Schatzungsregister aufgeführte *Johan in dere Heymeke*[264] auf eine Wohnstatt in einem Tal, das heute von der *Herpel* durchflossen wird. Bereits 1469 wird die Siedlung als *Heynbeke* genannt. In den Lehnsprotokollen des Klosters Drolshagen werden 1556 für *Heimicke* vier Höfe benannt[265].

Wie das Grundwort „*micke*" aufweist, handelt es sich zunächst um einen Gewässernamen. In der ältesten zugänglichen Dokumentation von 1469 wird dieses noch als *Heynbeke* geführt[266]. Daraus wird eine Stellenbezeichnung abgeleitet, die 1510 *in der Heymke*[267] und 1536 *in dere Heymeke* genannt wird. Das Grundwort erscheint danach in der

Variante „*mecke*“, da der neue Anlaut von „bēke“ durch Anpassung an den letzten Buchstaben des Bestimmungswortes entstand.

Die Form von 1469 als *Heynbeke* bezieht sich auf das schon im 8. Jahrhundert aufgetauchte Wort „*Hain*“, das sich aus einer Erweichung des „*Hagen*“ gebildet hat. Erstaunlich ist die Bildung insofern, als bis zum 15. Jahrhundert diese Version noch selten ist[268]. Es wird zunächst nur für *Gebüsch, Gehölz,* dann auch für *Wald* gebraucht. Da es in Heimicke das Bestimmungswort darstellt, ist von dieser Bedeutung auszugehen. In anderen Ortsnamen, in denen es als Grundwort dient, ist seine Bedeutung „*umhegter Ort, Stätte*“[269] wie bei Ziegenhain oder Hohenhain im benachbarten Siegerland.

Hain ist so in dem Zusammenhang mit *Heimicke* als eine kontrahierte Form des *hain, hein* von *as. hagan* 'Dornstrauch', *mnd. hägen* 'Hecke, Knick, Dornzaun'[270] zu verstehen. „Die Quellen nennen über lange Zeit nur einzelne Personen, die an der Heimicke Güter hatten, so dass zweifelhaft erscheint, ob der GewN durch eine größere eingehegte Siedlung motiviert wurde. Wahrscheinlich waren eher Hecken oder eingehegte Güter die Motivgeber. Deutung: 'Bach bei einer Hecke oder Einhegung'“[271]. Nach dieser Benennung eines Gewässers erhielt die Siedlung den Namen „*in der Heimicke*“, aus der zusammengezogen „*Heimicke*“ wurde. Noch einmal sei darauf hingewiesen, dass heute noch im Sprachgebrauch in Drolshagen jemand nicht einfach aus, sondern „*aus der Heimicke*“ kommt.

Herpel

Seit dem 16. Jahrhundert wird dieser Ort in der heutigen Form als *Herpel* beschrieben. Eine Deutung des Ortsnamens ist in dieser Form nicht möglich. Auch der Bezug zum Gewässer, die *Herpel* oder der

Herpelbach, wie er heute heißt, ist nicht ohne weiteres anzuführen, da ein Ort weiter oberhalb ebenfalls an diesem Gewässer liegt, aber *Heimicke* heißt, also die Siedlung, die an einem Bach (=micke) liegt, der in einem Hain oder aus einem Hain (= Gehölz) fließt[272]. Und der Bach ist derselbe, woraus zu schließen ist, dass die Benennung der *Herpel* sekundär von der Ortschaft her erfolgte. Dies wiederum ist nur möglich, wenn der Ort eine höhere Bedeutung gegenüber den anderen besaß, was insofern bestätigt werden kann, als der Zusammenschluss der Höfe in diesem Tal mit der *Bauernschaft Herpel* bezeichnet wurde. Genauer: *Burschafft in der Herpell* (1536)[273].

Das aber verweist auf eine Flur in einem Tal, die üblicherweise mit „*in der*" bezeichnet wurde. Bis heute ist diese Formulierung im Drolshagener Platt aktiv, sodass es heißt „*in der Heimicke*", „*in der Herpel*". Von Bedeutung ist hier auch, dass es sich um ein Femininum handelt, wie es die plattdeutsche „*bieke*" nahelegt. Falls dies nicht auf einen Assoziationsvorgang zurückgeht, eine Anpassung der beiden Flur- und Ortsbezeichnungen, hätten wir es bei Herpel ebenfalls mit einen Gewässernamen zu tun. Dabei könnte ein Bezug zum indogermanischen „-el" = fließen aufgenommen werden.

Dies wäre jedoch zu kompliziert und zudem wäre unklar, welche Bedeutung „*Herp-*" als Bestimmungswort bekäme. Auch die Lösung, die Flöer vorschlägt, es vom altsächsischen *hirut*, mittelniederdeutsch *herte* für *Hirsch* abzuleiten oder den Personennamen *Hirut* auf gleicher etymologischer Grundlage als Bestimungswort zu nehmen, halte ich für nicht zutreffend. Vielmehr ist über den ältesten Nachweis von 1232 zu einem *Conradus de Hertesbole et Sifridus custodes sive provisores*[274] ein meines Erachtens sinnvoller Zugang zu schaffen.

In *Hertesbole* ist nach Flöer eine Bildung mit *-buhil* enthalten, was im Drolshagener Platt ein „*Bühl*" ist, althochdeutsch *puhil*. Damit ist ein Hügel gemeint, im plattdeutschen Gebrauch auch für eine *auf einem*

Hügel liegende Wiese. Flöer stellt die Entwicklung des *Hertesbole* nachvollziehbar dar, was ich hier nicht im Einzelnen referieren möchte. Das Grundwort ist damit also eine Bezeichnung für eine *Flur, eine Gemarkung, die an einem Hügel liegt oder ein Hügel ist.*

Das Bestimmungswort *herte* könnte im Plattdeutschen von Herz kommen, was aber keinen Sinn für eine Flur geben würde. Auch Herd oder Hirte sind im Mittelalter gleichlautend mit *herte,* was ebenfalls keinen Sinn ergibt. Dagegen ist die *Härte,* also das Gegenteil von weicher Konsistenz, ein Zugang. Im Mittelhochdeutschen wird es „*herte*" geschrieben und ist „*steinichter boden*"[275], im Originalton „*über velse und über herte*"[276].

Danach ist *Hertesbole* der *Hügel aus oder mit steinigem Boden,* was für den *Schreibershofer Grund* wie für das Sauerland insgesamt sehr zutreffend ist. Im Laufe der Zeit wurde aus dem langen Wort durch Wegfall und Zusammenlegung[277] über *Hertspol* zunächst *Herpoil,* 1355 die Wohnstattbestimmung für einen *Johan van Herpoil*[278] bis es in den Schatzungsregistern mit unterschiedlicher Schreibweise „*Herpel*" lautete. „Ein auffälliges Merkmal der jüngeren Belege ist, daß der Ort für lange Zeit in der Art eines FlurN auf der Basis eines GewN mit femininem Genus (in der Herpel) benannt wird. Auf diese Weise werden im Kreis häufig Stellen an einem Gewässer benannt... Tatsächlich liegt Herpel an einem heute gleich benannten Bach. Gegen Schmidt, Barth und Hesse zeigen die älteren Belege, daß hier offenbar ein FlurN/ON auf einen GewN übertragen wurde"[279].

Hespecke

Der Ortsname *Hespecke* ist im Kreis Olpe insgesamt dreimal vertreten, einmal bei Attendorn, einmal in Lennestadt und ein drittes Mal in

Drolshagen. Gemeinsam ist den Siedlungen das Grundwort „*-pecke*", eine Variante des „*-becke*", „*-bieke*" oder „*-micke*", was jeweils mit Bach zu übersetzen wäre. Das Bestimmunsgwort der ersten beiden Ortsnamen ist jedoch, wie aus den ältesten Dokumenten abzuleiten ist, eine Bezeichnung für Pferd, altsächsisch *hross, hers*, was im englischen „*horse*" noch lebendig ist. Der älteste Nachweis für das Drolshagener *Hespecke* lautet jedoch *Heysselbeich* und ist im Jahr 1355 einem *Heynkin van der Heysselbeich* zugeschrieben. Mit *Heynkin* liegt eine Verkleinerung des Heinrich vor (im Hochsauerland ist es der „Henneke", dort ein gängiger Familienname). Dass es sich um die Ableitung aus „bieke" handelt ist an der Femininform zu erkennen, die bis heute „die Bieke" lautet im Gegensatz zu „dem Bach": die *Heysselbeich*.

Das Grundwort lautet hier „*-beich*" in einer ungewöhnlichen Schreibung, bei der die Vokale umgedreht werden. Dies findet sich als *Metathese* häufiger bei Konsonanten, sodass aus „*bronn*" ein „*born*", aus „*dorp*" ein „*trop*" wird. Das hier verwendete Grundwort geht auf das im Drolshagener Platt heute noch gebräuchliche „*-bieke*" zurück und bezeichnet einen Bach, was sich durch die Version desselben Namens 1360 als *Heynckinus de Heyselbeke* bestätigt. Damit geht der Ortsname auf einen Gewässernamen zurück.

Was aber bedeutet das Bestimmungswort? Naheliegend wäre es, von dem Haselstrauch auszugehen, altsächsisch *hasal-*, mittelniederdeutsch *hassel, häsel*, das als „*e*" und dann zu „*ey*" umgelautet würde (statt ä). Sprachgeschichtlich ist dies jedoch sehr unwahrscheinlich[280]. Wie M. Flöer für Hespecke jedoch betont, kann eine völlig andere Art der Entstehung vorliegen. Das „l" könnte eine alte Endung sein, die bei Adjektiven wie im „*ahd. ezzal 'gefräßig', Werkzeugbezeichnungen wie Schlegel, Täterbezeichnungen wie Büttel oder Zugehörigkeitsbezeichnungen wie Eichel*"[281] in Gebrauch ist. Besonders häufig liegt dies bei Gewässernamen vor. „Betrachtet man das -l- als Suffix (=

Endung), könnte ein älterer GewN (= Gewässername) vorliegen. Die Basis *Heys-, Hes-* wäre zu einem in mnd. *hēse, hēs* 'größerer Buschwald' (vgl. mnd. *hesepenninge, hēsentins* 'Abgabe für die Nutzung eines Buschwaldes') erhaltenen Element zu stellen, das in zahlreichen ON und FlurN in Westfalen, Niedersachsen und am Niederrhein festzustellen ist und dessen Verbreitung mit der wirtschaftlichen Nutzung von Niederwäldern zusammenhängt ... Ein solcher GewN wäre als **Hēsila* oder **Hēsala* anzusetzen, und die -ey-Schreibungen stünden für as., mnd. *-ē-, germ. *-ai-*. Dieser Name konnte später verdeutlichend durch das GW *-bēke* erweitert werden. Im Vergleich zur erstgenannten Deutungsmöglichkeit ist diese zweite weder lautlich noch vom Namentyp her gesehen problematisch, so daß sie vorzuziehen ist... Deutung: '*Bach am/im Buschwald*'"[282]. 1470-1500 lautet es „*der hoiff Hessebiche*"[283], 1594 „*Heßebick*"[284], bis es im 19. Jahrhundert *Hespecke* heißt[285].

In weiteren Orts- und Geschlechternamen wie „*Hees*" als Familienname z.B. im Wendener Land, als Ortsname wie *Junkernhees* oder für das Adelsgeschlecht derer „*von der Hees*", aber auch in dem im Drolshagener Raum geläufigen Familiennamen „*Hesse*" findet sich diese sprachliche Wurzel.

Hespecke wäre dementsprechend die Siedlung an einem Bach, der von einem Buschwald umgeben bzw. bestimmt ist.

Husten

Kaum ein Ort im Kreis Olpe wird so (auch absichtlich) missverstanden wie *Husten* (und sein Nachbarort *Halbhusten*). Gehen die einen ohne weitere Begründung scherzhaft davon aus, dass es mit der Erkältung in den Wintermonaten zu tun hat[286], beziehen es andere, die noch des Drolshagener Platts mächtig sind, auf die in der früheren Heuernte zusammengelegten kleinen Haufen Gras, um sie vor der nächtlichen Feuchte oder dem Regen zu schützen, und die „Husten" genannt wurden.

Annelene *Scheele*, die selbst aus Husten stammt, hat eine fundierte Geschichte ihres Heimatdorfes geschrieben und eine solide Herleitung und Deutung des Ortsnamens vorgenommen[287]. „Sie nennt drei Deutungsmöglichkeiten: erstens einen Anschluß an ein in *huste* 'Heuhaufen' enthaltenes Wort, das sich vielleicht auf eine *Anhäufung* von etwas beziehe, für das sich aber keine sachliche Entsprechung im Umfeld des Ortes finden lasse; zweitens einen Anschluß an ein von H. Bahlow behauptetes Wort für *'Sumpf'*, das topographisch jedoch nicht wahrscheinlich sei, und drittens im Anschluß an Dittmaier ein Wort, das *'Hausstätte'* bedeute, häufig in rheinischen FlurN (= Flurnamen) vorliege und mit mhd. *hovestat* 'Hofstelle' zusammenhänge. Diese Deutung sei die wahrscheinlichste und der ON (= Ortsname) als *„Platz, an dem ein Haus, ein Hof errichtet wird"*[288]

Letzterem ist zu folgen. Der älteste Nachweis erscheint 1394 als *Huystede*[289], ein zweigliedriges Wort, das sich aus „*hus*" = Haus und „*stede*" = Stelle, Platz zusammensetzt und ein einheitliches Wort (Simplex) bildet. Altsächsisch ist *hūsstēdi* = Hausplatz belegt. „Die Deutung Scheeles ist ihrer Identifizierung der ältesten Belege des ON zu verdanken und im Wesentlichen zu bestätigen. Die Wörter mnd. (= mittelniederdeutsch) *hūsstēde* und mnd. *hofstēde* 'Hofstätte' sind zwar nicht identisch, stehen aber in der ON- und FlurN-Gebung in einem Zusammenhang"[290].

Die älteste Version *Huystede* von 1394 wird bis 1474[291] in der Substanz weitergeführt, auch wenn es Nuancen in der Schreibweise gibt, bevor es sich nach 1470 als *tho Huste*[292] der heutigen Form annähert und in derselben Urkunde auf derselben Seite auch *to Husten* lautet. Letzteres ist eine Pluralform, die sich in der Folge durchgesetzt hat, ohne eine grundsätzliche Bedeutung zu haben. Auffallend ist auch, dass adjektivisch es nicht *Hustener* (z.B. Bauernschaft), sondern *Houster*[293], *Huister*[294] oder *Hausser*[295] *heißt*. Ob es durch den im Niederdeutschen durchgesetzten Wegfall des Genitivs erfolgt ist, kann an dieser Stelle nicht untersucht werden. Auffallend ist, dass es kein Einzelfall ist, sondern auch beispielsweise bei dem Familiennamen Dornseifer statt Dornseifener vorkommt. Auch nicht geklärt werden kann in diesem Zusammenhang die Flurbezeichnung „*Hüster Berg*" in Drolshagen, die keine unmittelbare Beziehung zum Ort Husten hat.

Die Deutung des Ortsnamen kann also mit A. Scheele als Platz, an dem ein *Haus, ein Hof errichtet wird,* verstanden werden.

Hustert

Ein kleiner Ort zwischen Hützemert und Wegeringhausen mit zurzeit 26 Einwohnern ist nur noch in den Sprachregelungen der Drolshagener „*in der Hustert*" und dem Straßennamen präsent. Hinter dem Namen verbirgt sich ein aus dem *Niederfränkischen* stammendes Wort, das gleichlautend ist: *Hustert* oder auch *Hostert*. Es beschreibt eine *mit Buschwerk bestandene Flur*[296] bzw. *Hostert* stellt einen Flurnamen für ein „*hochgelegenes, am Walde gelegenes Ackerland... sanft ansteigendes Wiesenstück an einem Bach*"[297] dar. Bemerkenswert ist, dass diese Versionen dem Westmoselfränkischen bzw. dem Niederfränkischen Sprachschatz Belgiens (Eupen) entstammen.

Zwar gibt es ähnliche Worte auch im Westfälischen und hier auch mit vergleichbarer Bedeutung wie „*hoch gelegenes Stück Land: meist mit Gebüsch bestandene Wiese*" im Märkischen, lautet aber „*Hurst*"[298]. Noch weiter weg in Höxter wird eine dicht zusammenstehende Menge Pflanzen „*host*" genannt[299].

Die mit *Hustert* und *Hostert* gekennzeichneten Merkmale als (wohl ehemals) mit *Buschwerk bestandene Flur* bzw. ein *sanft ansteigendes Wiesenstück an einem Bach* treffen für diesen Ortsteil zu. Darüber hinaus ist es ein weiteres Indiz für den Mischcharakter des Drolshagener Dialekts, der niederfränkische und westfälische (niedersächsische) Sprachelemente enthält[300].

Der Ort ist also nach dem Flurstück Hustert benannt und kann als Siedlung an einer mit Buschwerk bestandenen Flur und in einem ansteigenden Wiesenstück am Bach (der Rose) verstanden werden.

Hützemert

Für die Deutung des Ortsnamens „Hützemert" liegen von Hesse und Flöer jeweils gegensätzliche Deutungen vor, die mich aber beide nicht überzeugen. Ich setze daher eine dritte dagegen, bei der ich allerdings auch eine steile These vertrete.

Einigkeit herrscht darüber, dass Hützemert einer der Ortsnamen mit dem Grundwort „-bracht" ist, was 1422 mit *Huttzenbracht*[301] dokumentiert wird. Auch in den Regesten Ewig von 1469 wird das Grundwort benannt, allerdings mit einer seltsamen Form des Bestimmungswortes: *Hutbracht*[302]. Ab 1536 wird die Variante von „-bracht" angeführt, die leicht über die Variante von 1433 zu verstehen ist, als *Hutzenbert* zu einer häufiger vorkommenden Verschmelzung des „nb" zu „m" und damit zum Grundwort „-mert"[303] führte. So kann es im 1536 Schatzungsregister bereits *Hutzemertt* heißen. In Varianten lautet der Ort noch 1585[304] so, bis 1789[305] der heutige Name „Hützemert" in Gebrauch ist.

Die Sicht von Hesse hat er in seiner *Geschichte des Kirchspiels und Klosters Drolshagen* wie folgt beschrieben: „Hultzenbracht,

Hultzemert – (plattd. Hüttzemert) setzt sich aus den Worten „Hutzen" und „Bracht" zusammen. Hutzen hat die Bedeutung von getrocknetem Obst (Haut), in Übertragung auch von alten Möhnen[306]. Im Plattdeutschen sagt man noch von alten Frauen: „Ole Hutzel". Bracht, entstanden aus wrechte, braht, brewt, bert, mert, hat die Bedeutung „ausgesondertes Land". Hützemert würde also so viel heißen wie „Land der Möhnen" bzw. „Nonnen". Wegen ihres Aussehens in den Hauben und Kopftüchern wurden Möhnen und Nonnen vom Volke gleichgesetzt"[307].

Dem setzt Flöer entgegen, dass die Herleitung des Grundwortes aus „-wrecht" überholt sei. Er weist auch nach, dass die dialektische Form der *hütsel* bereits hochdeutschen Einfluss verarbeitet hat, vor allem aber bestreitet er, dass „die bildliche und abwertende Bedeutung 'alte Frau' bereits für das 15. Jh. vorausgesetzt werden kann. Die Gleichsetzung mit 'Nonne', mit der offenbar auf die Zisterzienserinnen im nahegelegenen Drolshagen angespielt wird, ist außerdem sehr spekulativ"[308], ebenso wie sein Vorschlag „noch auf mnd. *hütske* 'Kröte; Frosch' hinzuweisen, eine Diminutivform zu mnd. *ütse* 'Kröte' mit prothetischem *h*-, doch auch dieser Anschluß ist sehr unsicher"[309]. Er geht vielmehr davon aus, dass ein Personenname als Bestimmungswort angenommen werden kann. Nach ihm „kann auch ein schwach flektierter PN (= Personenname) wie etwa Hugizo vorliegen, der als Ableitung mit dem as. Suffix -izo zum Stamm HUGU gestellt werden könnte (zu ahd. hugu 'Sinn, Geist'...)... Zu Beginn des 15. Jh. wäre eine Kontraktion *Hugizunbracht* > *Hügzenbracht* ohne Weiteres möglich; der Wandel -gz- > -tz- wäre als Teilassimilation zur Ausspracheerleichterung zu erklären. Bei Annahme eines solchen PN wäre der ON mit 'bracht des *Hugizo'* zu umschreiben, doch bleibt die Deutung insgesamt unsicher"[310].

Ich halte dem eine andere, aus einem Flurnamen abgeleitete Version

entgegen. Das Grundwort ist „-mert", eine topografische Bezeichnung, also eine Beschreibung einer Geländeform. Dabei handelt es
sich durchgehend um Höhenlagen, wie aus vergleichbaren Begriffen
wie „Homert" (Höhenzug bei Lüdenscheid) oder der „Griesemert"
(Berg und Siedlung auf der Höhe bei Olpe) zu erkennen ist. Darüber
herrscht Einigkeit.

Das Bestimmungswort geht meiner Meinung nach auf eine Variante
der Ziege, niederdeutsch „hitte" zurück. Das Bestimmungswort wäre
dann „Hütze". Zunächst widerspricht dem die Beschreibung der Siedlung als Hutzembert (1416), Huttzenbracht (1422) oder Hutzemerrt
bzw. Hultzemerth in den Schatzungen von 1536 und als Hutzemerdt
in der Schatzung von 1565. Hier wird durchgehend ein „u" verwendet.
Zu beachten ist, dass bereits die ältesten Nachweise oft nachträglich,
„sogar mehrfach"[311] geändert wurden. Nimmt man als Hauptquelle
das Archiv von Plettenberg-Hovestadt im Staatsarchiv Münster als
Blaupause und vergleicht die Eintragungen zu Hützemert mit dem
Archiv von Schorlemer-Overhagen und dann die Bezeichnungen von
Hützemert, fällt auf, dass dort statt Hutzemerrt der Ort mit Umlaut
geschrieben wird als Hüntzemert und Hutzemers als Hützemert. Entsprechende Übertragungsfehler kommen immer wieder vor und er-
schweren zeitweise eine sachgerechte Erforschung auf Grund der
Quellen.

Es kann aber auch auf eine ganz einfache und der lokalen Sprache ge-
mäße Bezeichnung zurückgegriffen werde. Danach stellt „Hütze" auch
eine in der Sprachpraxis veränderte Form der „Hitze" dar - das „i"
wird zum einfacher zu sprechenden „ü". Diese Veränderung hat sich
u.a. auch bei dem heutigen „flüstern" vollzogen, das sich aus „flistern"
entwickelt hat, althochdeutsch flistran.

Hitze ist eine der mittelalterlichen Varianten zu dem Haustier, das wir
heute Ziege nennen und das im Plattdeutschen die „Hitte" ist.

Nebenformen sind u.a. „*Hitz*", was wiederum mit „*Kitz*" verwandt ist. Mittelniederdeutsch lautet es „*gëitte*" (was hochdeutsch zu „Geiß" wird) oder „*jëitte*", zu dem die dialektischen Nebenformen „*gitte*" und „*jitte*" zu sehen sind . „Im Mnd. Handwb. II Sp. 484 wird auf ein selten belegtes *jittenwide* 'Ziegenweide' zu einem sonst nicht bezeugten *jitte* 'Ziege' hingewiesen"[312] . In einigen Fällen wird im Drolshagener Platt auch ein „*h*" als „*j*" gesprochen: „*bit uawen jienn*" – „*bis oben hin*".

Somit wäre „Hützemert" eine topographische Bezeichnung für *ein höher gelegenes Areal für Ziegen*, von dem die Siedlung den Namen bekam. Die gegenüber Drolshagen erhöhte und zu dem oberbergischen Land steil abfallende höhere Lage des Ortes machen dies einsichtig.

Iseringhausen

Der erste Anschein, dass es sich bei *Iseringhausen* um ein „-inghausen"-Dorf handelt, täuscht, schon wenn man nach dem Ort im Drolshagener Platt fragt. Dann wird einem „*Iserkusen*" entgegengehalten. Zwar gibt es hier Ähnlichkeiten wie es auch bei Essinghausen, das als „Äßkusen" gesprochen wird, also ohne besondere Betonung des „-ing". Und doch ist das Platt näher an dem ursprünglichen Namen, der z.B. *1486 [Hedenrich Hunt von] Iserkusen*[313] lautet.

Tatsächlich ist der Siedlungsname eine ursprüngliche Bildung mit der Endung „-*hausen*", also der Mehrzahl von Haus und bezeichnet eine Siedlung, eben Häuser. Aber welche Häuser sind es? Hier ist ein Blick in die Geschichte dieses Ortes erforderlich, der wie kein anderer im Drolshagener Land durch den *Bergbau* geprägt wurde. Der Flurname „*Silberkuhle*" weist heute noch darauf hin und hat dem benachbarten Naturschutzgebiet den Namen gegeben. Auch in den Dokumenten sind wiederkehrend Hinweise auf Hütten (= Eisenverarbeitung) oder

Hammerwerke im Brachtpetal zu finden. Eine historische *Eisenhütte* ist für Iseringhausen belegt.

Über die Eisengewinnung ist auch der Bezug zur Namensgebung für Iseringhausen zu finden. Entgegen den offensichtlich erst spät einsetzenden Überlieferungen und der Endung mit „ing" ist davon auszugehen, dass der ursprüngliche Name *Isarnhūsen* war. Ein Sprossvokal „e" zwischen dem „r" und dem „n" hat zu einem „*Iseren*" geführt, was bei anderen Orten wie Isernhagen im 14. Jahrhundert belegt ist[314]. Hesse spricht von „*Iserhütten*"[315]. Eine Umdeutung des Namens ist in der Region häufiger zu finden, wie z.B. bei *Gelslingen*, dessen Name an den Nachbarort *Dirkingen* und *Steupingen* angepasst wurde. So konnte bei der Häufung der „*inghausen*"-Orte (insgesamt 6 im Stadtgebiet Drolshagen) auch eine durch die Sprachpraxis erfolgte Anpassung (Assoziation) sich vollziehen, zumal der Name ähnlich klang. Aus diesem Grund ist von einer Deutung auszugehen, die als *'bei den Häusern mit Eisen(vorkommen, -verarbeitung)'*[316] zu verstehen ist.

Die älteste mir zugängliche Nennung betrifft einen *Dederich von Yserinkusin* im Jahr 1349[317]. Der Pächter des Heiderhofs bei Iseringhausen wird 1409 *Teele van Iserinchusen*[318] genannt. Bis 1628 heißt es dann ganz im Klang des Drolshagener Platts *Iserkusen*, auch mal mit *Y* als Anfangsbuchstabe geschrieben oder mit Doppel-s und einer seltsamen Form als *Eysrenghausenn*[319] in 1596. Die Varianten wechseln wohl nach der Auffassung der Schreibenden, bis 1790 der heutige Name *Iseringhausen* gefestigt ist.

Junkernhöh

Hesse berichtet zu den ältesten Grundherren in Drolshagen und deren Besitz ausführlich und nachvollziehbar, soweit er sich auf Urkunden aus den diversen Archiven bedient. Allerdings sind seine

Schlussfolgerungen zur Bedeutung der Ortsnamen anzuzweifeln wie z.B. die Herkunft des Siedlungsnamen Herrnscheid auf eine „Herrin", die Äbtissin von Herford zu beziehen[320]. Ebenso fraglich ist seine Herleitung des Bestimmungswortes „Hütze" bei Hützemert von einer „Hutzel", einer alten Frau mit runzliger Haut und dessen Übertragung auf die Nonnen des Klosters[321]. Auch hier liegen andere, durch Urkunden und sprachlogische Rückschlüsse erfolgte, nachvollziehbare Deutungen vor. Das gleiche gilt für eine Rückführung der Benennung von Grundstücken in Wegeringhausen „auf ehemaligen königlichen Besitz"[322].

Dazu ein kleiner Exkurs: Die Namen, die er dazu anführt sind *„Konning"* und *„Junker"*. Den Familiennamen *„Königh"*, z.T. auch *„Konning"* geschrieben gibt es im Wendener Land schon in den ersten Matriken des 17. Jahrhunderts der St. Severinus Pfarrgemeinde Wenden. Ein *Peter Königh* aus Hillmicke stirbt am 19.08.1661 und in meinem Herkunftsort Altenhof war *Jacobus König* 1769 mit einer Elisabeth Weber verheiratet. Als Beiname ist er bis heute in Hillmicke aktiv.

Der Familienname ist nicht zwangsläufig von einem Herrscher abgeleitet, sondern eher vom althochdeutschen *kuoni* , altsächsisch *kōni* 'kühn' zu Vollformen wie *Konrad* oder *Kunigunde*[323]. Ältere Formen sind althochdeutsch *chuoni*, noch älter *chôni*[324]. Der Stamm des Wortes König hat aber ein u bzw. ein ü, es heißt mhd. *künic, künec. Nur eine niederdeutsche Variante lautet* mittelniederdeutsch *konink. Konning* wäre dementsprechend ein altsächsischer *Rufname* mit der Bedeutung der *Kühne*, woraus sich dann ein Familienname entwickelte.

Das gleiche ist zu der Bezeichnung *Junker* zu sagen. Auch hier wird kein adliger Stamm zu finden sein, denn im Schatzungsregister wird 1536 ein *Hennekenn Juncher*[325] erwähnt, der in den Lehnsprotokollen des Klosters Drolshagen von 1556 als *Hentgen Juncker*[326] auftaucht. 1565 heißt er *Junckernn Hentgen*[327]. Neben dem Junckernn Hentgen aus Wetterckhußen, in anderer Schreibweise Hennekenn Juncher[328] gibt es auch einen Johann Juncker in Dumicke[329] und einen Peter Juncker[330] in Rüblinghausen. Und wenn man auch andere Teile Westfalens einbezieht, stellt man fest, dass der Name nicht selten ist. Ein Junchernn Claiß in Bilstein oder einen halben Juncker in Heggen[331].

Für möglich halte ich hier eine Form des Übernamens „Jung" oder „der jüngere", der häufig war und ist. Hesse ist sich selbst nicht schlüssig, ob seine Vermutungen zu Recht bestehen. Solange diese nicht durch Dokumente belegt sind, gehe ich von den oben angeführten Namensgebungen aus.

Nicht ganz auszuschließen ist, dass die Junker genannten Personen Nachfahren von ehemals adligen Personen waren. Im Wendener Land trifft dies auf die Adelsfamilie deren „von der Hees" mit dem Sitz in Junkernhees, die als Bauern nur den Namen „Hees" trugen[332]. Zu meinen Vorfahren im Wendschen zählen auch zwei Adelsfamilien, die „von der Hoven" aus dem Rheinischen Adel und die „von Itter genannt Pampus" aus dem ostwestfälisch-nordhessischen Adel. Und deren bürgerlichen Nachfahren sind alles „normale Menschen", die den Beinamen „Pampuses" erhielten.

Warum diese Ausführungen? Um dem kleinen Ort Junkernhöh gerecht zu werden. Zunächst ist festzuhalten, dass im Drolshagener Dialekt es immer heißt „up d'r Höi" – „auf der Höhe" ohne den Zusatz „Junkern". Damit ist tatsächlich die auf der Bergkuppe gelegene Flur und in deren Folge die Siedlung gut charakterisiert. Dortige Ländereien könnten nun dem unter Wegeringhausen genannten *Hentgen Juncker* zugeschrieben werden, erst recht bestätigt durch die Schatzungsregister, die lediglich durch den Namen *Junker* auf diesen Ort verweisen, während andere Orte in der Bauerschaft Germinghausen genannt sind.

Mit aller Vorsicht gehe ich davon aus, dass Junkernhöh eine Flurbezeichnung war, die einer Person mit dem Namen *Junker* zugeschrieben wurde.

Köbbinghausen

Köbbinghausen ist über die Jahre der kleine Weiler geblieben, aktuell bestehend aus zwei Höfen. In den Urkunden zu den Lehen wird Köbbinghausen dennoch einzeln erwähnt, ebenso in den Schatzungsregistern. Auch hier erfolgt schon früh die Kontraktion des „*-inghausen*" im Zusammenhang mit der plattdeutschen Version zu „*-kusen*". Bereits in der ältesten dokumentierten Urkunde von 1333 heißt es *Cobbenkosen*, das zu einem *Gerhardus*[333] als Beiname erscheint. 1469 lautet es *Kobbenchusen*[334], 1532 *Kebbenkusen*[335]. Hier vollzieht sich ein nicht ungewöhnlicher Vokalwechsel von „*o*" zu „*e*", um dann ab 1841 zu einem „*ö*" zu werden, wo es dann wie heute Köbbinghausen heißt.

Möglich ist auch eine noch frühere Erwähnung durch Jellinghaus, der für 1273 einen *Gerhardus dictus de Cobbinchusen* erwähnt, wie es den gleichnamigen auch 1333 im Drolshagener Köbbinghausen gibt. Allerdings wird diese Erwähnung auch auf das Köbbinghausen bei Plettenberg bezogen. Eine eindeutige Entscheidung ist nicht zu treffen.

Es handelt sich um eine „*-inghausen*"-Bildung. Das Bestimmungswort wird mit dem seit dem 9. Jahrhundert in Westfalen bezeugten Personennamen *Cobbo* gebildet. Die Bedeutung ist einem Übernamen entnommen, der für „*etwas gedrungen, rundlich*"[336] steht. In diesem Sinne lautet die Deutung: „*bei den Häusern des Cobbo, des Gedrungenen*".

Kram

Der heute noch kleine Ort *Kram* (8 Einwohner) wird bereits 1481 erwähnt, da dort *ein Gut zum Krame*[337] liegt. Hier liegt ein Flurname vor, was sich auch in den weiteren Erwähnungen mit *„im Krame"* bis 1592 durchzieht[338]. Viehbahn erwähnt 1841 *Kram* in seiner Ortschaftstabelle mit der Ergänzung *„Höfe am Ostenberg"*[339]. Ebenfalls als Flurname ist in der Bezeichnung von 1579 *„[die Wildnis] boven dem Krame"*, also *„über dem Krame"*.

Flöer geht davon aus, dass der Ortsname aufgrund der späten Belege, die häufig bereits Veränderungen und Anpassungen enthalten, nicht sicher zu deuten sei. Aufgrund der Lage abgeschieden vom *Herpeltal* (*Schreibershofer Grund*) und zum Tal der *Lister*, die hier noch zum *Märkischen Kreis* (ehemals historisch auch *Grafschaft Mark*) gehört, kommt weder die mittelniederdeutsche Deutung als *„Krambude"* noch der Bezug zur Zeltbahn, die als Bestandteil der Verkaufsbuden diesen den Namen gegeben hat, in Frage. Auch die Deutung feuchte Stelle wie bei dem niedersächsischen Ort *Cramme* ist aufgrund der Höhen- und Hanglage des Ortes nicht anzunehmen. Flöer geht davon aus, dass bereits mit Beginn der Überlieferung der Name aus einer älteren Form zusammengezogen ist. Da sich diese seiner Meinung nach nicht konstruieren lässt, verzichtet er auf eine Deutung.

An dieser Stelle zeigt sich wieder einmal, dass der Bezug zur niederdeutschen Sprache eine solche Deutung plausibel macht. „Kram" ist eine Verkürzung des „krammet", einer im gesamten deutschen Sprachraum verwendeten Bezeichnung für den Wacholder: „der krametbaum heiszt in meiner müeterlichen teutsch ein wechalter (= Wacholder)" schreibt Anfang des 14. Jahrhunderts Konrad von Megenberg. Auch im Westfälischen findet sich Krammet[340] in der Bezeichnung *„kr* a n e - w i d - b i ^{e} r e *f. .... Beere des Wacholders ... Kräns-b. ... , sonst Kram(me)s-b."*[341]. Die „Kommission für Mundart- und

Namenforschung" des LWL verweist auch auf den „Krammetsvogel", die Wacholderdrossel[342], wie er auch im benachbarten niederfränkischen Dialekt des Wendener Landes lautet[343].

Damit ist von einer Deutung als Feldname *„Gebiet wo Wacholderbüsche stehen"* auszugehen. Dies ist auch mit der Hanglage der Siedlung in Einklang zu bringen. Andere Orte, die ebenfalls nach dem alten Namen des Wacholders benannt wurden, sind u.a. in Tirol (*Innsbruck-Kranebitten*) oder *Brixen* mit der *Gemarkung „Kranebitten"* zu finden. In diesen Regionen heißt der auch im Sauerland beliebte Schnaps nicht Wacholder, sondern eben *„Kranebitter"*.

Lüdespert

Der Ortsname besteht aus zwei Elementen, von denen das Grundwort in der ältesten Schrift von 1376 *Luderzbrat*[344] den später betonten Hinweis auf „Bracht" ergibt, also ein *Areal in einem schmalen ansteigende Seitental des Blechebachs*. „-brat" korrespondiert hier mit dem germanischen *brahti*, wie es in der mittelalterlichen Formulierung von Velbert als *Feldbrahti* festgehalten ist. In den Regesten des Klosters Ewig wird 100 Jahre später schon *Ludespert*[345] geschrieben, aber auch *Luytzbracht*[346] eine Seite später. Danach wechselt das Grundwort zu -bert (1533 *Ludessbert*[347]) und -berg (1536 *Wilhelm von Ludeßberg*[348]), woran zu erkennen ist, dass offensichtlich die Bedeutung des ursprünglichen Grundworts *„bracht"* nicht mehr präsent war. Weitere Variationen sind 1585 *Leudespert*[349], 1628 *Ludesbart*[350] bis ab 1679 der heutige Name *Lüdespert*[351] in Gebrauch ist.

Das Grundwort ist als eine *Arealbezeichnung* zu verstehen. Schwieriger wird die Deutung des *Bestimmungswortes*, das von *Luder-z* bis *Lüdes-* wechselt. Der Versuch, es über ein Adjektiv im Plattdeutschen für *„klein"* zu deuten, geht fehl, weil das *„lütt(e)"* durchgehend mit „t" geschrieben wird, die Bestimmungswörter der Siedlung jedoch (bis auf eine Ausnahme, möglicher Schreibfehler) durchgehend mit „*d*“. Flöer geht in seiner Interpretation von einem *Personennamen* aus, der altsächsisch gesichert ist: *Liudher*(i) oder *Liudgēr*. Ebenso möglich ist *Liudi*. Daher betont er: „Das mit -*bracht* Bezeichnete wurde also als Besitz oder Zugehöriges eines *Liudi* benannt“[352].

Der Stamm der oben angeführten Personennamen ist das altsächsische und im Althochdeutschen gleichlautende *liud*[353], was als ein Teil von *Volk, Leute, Menschen*, also Singular zu verstehen ist. Der Plural lautet *liudî*[354]. Das „*iu*“ kann zum u-Umlaut, also „*ü*“ werden[355], was dann zu dem Bestimmungswort „*lüde-*“ passen könnte. Im Drolshagener Plattdeutsch lautet es „Lü“ oder „Lüe“. Neben dem umgelauteten „u“ ist im Mittelalter auch *lûte* in Gebrauch, wie auch mittelniederländisch *luyde*. Es finden sich also in den althochdeutschen und -niederdeutschen Sprachen genügend Parallelen zu den mit „Lüdespert“ verbundenen Varianten.

Das könnte auch bedeuten, dass die ursprüngliche Bedeutung von *Luderzbrat* eine Zusammensetzung aus *liude* bzw. *lute/ lude* mit einer Genitivendung „*z*“ = „*s*“ und dem Grundwort „*bracht*“ ist. „*Ein Areal der Leute, für die Leute, wo Leute zusammenkommen*“ wäre daher ebenso möglich. Eine abschließende Bewertung ist nicht zu erreichen.

Neuenhaus

M. Bieker deutet den Ortsnamen zu Recht als „*neues Haus*“, der auch häufig als Familienname in Drolshagen zu finden ist[356]. Der älteste Nachweis der Siedlung stammt von 1349 mit der Bezeichnung *Nuinhuys*[357]. Dabei ist anzumerken, dass es sich um ein einzelnes Haus, nicht um die Ortsbezeichnung „-*husen*“ = Häuser handelt. Diese Einzahl wird konsequent durchgehalten[358]. Zum Vergleich: heute heißt es im Drolshagener Platt, wenn einer aus Neuenhaus kommt „*Niggenhü-ser*", der Familienname wird aber immer „*Neuhaus*" ausgesprochen.

Das Grundwort ist also „*Haus*", das durch das Bestimmungswort „*neu*" (as. *niuwi*, mnd. *nie*) näher gefasst wird. Da es sich um eine kleine Siedlungsstätte an einem Bach (der heutigen Hespecke) handelt und nicht um einen Ortsteil, wo neue Häuser stehen, kann davon ausgegangen werden, dass es sich um eine neu erstellte Ansiedlung mit einem Einzelhof handelt. In 1352 wird die Siedlung schon als *Gut zum Nyenhus*[359] betitelt, also um einen bereits größeren Hof, der schon länger existierte, wie sich aus dem Zusatz für 1349 ablesen lässt, da dort von einem *Erbe zum Nuinhuys* die Rede ist[360]. Von der Ersterwähnung 1349 bis zum Ende des 18. Jahrhunderts wird der Ortsname niederdeutsch verfasst. Von 1352 *Nyenhus* über 1470 *Nygenhusen*[361] und 1565 *Newenhauß*[362] zu 1629 *Niggenhause*[363]. Aus den Formulierungen in den Dokumenten ist zu entnehmen, dass zunächst der Wohnstattname vorhanden war, dem in der Folge die Bewohner zugeordnet wurden[364].

Öhringhausen

Durch einen kleinen Bach, dem *Frenkhauser Siepen*, getrennt von Frenkhausen, „*den Häusern der Franken*" liegt Öhringhausen, dass vom Namen her deutlich altsächsischen Charakter hat. Zum einen gehört es zu den sechs echten „*-inghausen*"-Orten im Stadtgebiet Drolshagen, zum anderen verweist die älteste bekannte Quelle von 1350 auf den zweigliedrigen Personennamen *Ôdheri*. Laut Flöer ist dieser Personenname auf altsächsischem Gebiet belegt.

In diesen Urkunden ist bereits aus *Ôdheri+ing+hausen* eine Kontraktion erfolgt, die *Oytrinchusen*[365] lautet. Das Grundwort „*-hausen*" ist niederdeutsch und in der regional üblichen Kontraktion als „*-kusen*"

96

erkennbar. Voll ausgeschrieben wird der Ortsname erst in den Schatzungsregistern 1536 als *Oeringkhuißen*[366] und 1546 *Oeringhaußen*[367].
Abgesehen von eher kuriosen Benennungen als *Anekhaussen*[368] (1596)
und *Orickhausen*[369] (1628) setzt sich seit 1790 die heutige Form *Öhringhausen* durch. Die Siedlung wurde als *„bei den Häusern der Leute
des Ôdheri"* bezeichnet.

Potzenhof

„Die schriftlichen Überlieferungen aus dem Iseringhauser Grund set-
zen erst im Spätmittelalter ein", schreibt Hesse. „Im Jahre 1409 er-
wirbt die Äbtissin von Drolshagen von dem Ritter Cord v.d.Horst auf
Schloß Heiligenhoven bei Lindlar die Höfe Heiderhof und Brachtpe.
Mit dem letztgenannten Hof ist der *Potzenhof* gemeint. Wenn nicht
alles täuscht, sind diese Besitzungen alte Erbstücke aus dem Besitz-
stande der Herren von Drolshagen, denn Potzenhof – Paitzenhof hat
seinen Namen von Cords Frau, Pace von Plettenberg..."[370]. Potzenhof
nennt sich also nach einer früheren Besitzerin, der Pace von Plettenberg.

Der Potzenhof wird danach als Lehen gegeben an verschiedene Personen[371] und deren Familien, wird 1609 verpfändet[372] und schließlich
1813 an Peter Ziegeweid verkauft[373]. Bis heute besteht Potzenhof im
Wesentlichen aus einer Hofanlage bei unter 10 Einwohnern.

Scheda

Die älteste Bezeichnung für den heute Scheda genannten Ort lautet
„Schede"[374] und entspricht damit der mittelniederdeutschen Variante
für „Scheide", verstanden als Grenze zwischen zwei Bereichen oder

Kategorien (Grundstücke oder Leben/Tod). In den „Ortsnamen im Kreis Olpe" bestätigt Michael Flöer von wissenschaftlicher Seite die Version, die Michael Bieker aus Bleche angibt, nämlich die Benennung einer Wasserscheide, hier zwischen dem Blechebach und dem Herpelbach[375]. Eine Bezeichnung als Landstück, das von einem anderen Gebiet getrennt ist, ergibt bei der Lage von Scheda auf einem Höhenzug keinen Sinn.

Der Ortsname steht ohne weiteres Bestimmungswort und bezeichnet damit klar die Funktion, dass dort etwas geschieden wird. Der Ortsname wird auch als „Scheide"[376] (1470) oder „Schade"[377] (1543) bezeichnet. In weiteren Dokumenten wie den Schatzungsregistern wird ein Peter als „to Scheide"[378] (1533), „von Scheide"[379] (1536) oder „von Schade"[380] (1543) geführt. Da hier offensichtlich noch keine Familiennamen vorliegen, ist der Wohn- bzw. Herkunftsort als Appelativ (= nähere Bezeichnung) angeführt. Erst 1565 wird einem „Bieker Hanß" der Ort „Schede"[381] hinzugefügt. Seit spätestens 1864 trägt er den heutigen Namen Scheda. Wie in anderen Orten (z.B. Gut Scheda im Kreis Soest) wurde der Auslaut „e" zu „a" umgestaltet, was nicht lautgesetzlich begründbar ist[382].

Schlade

Mit *Schlade* -plattdeutsch *Schlaa* – werden verschiedene Flurformen bezeichnet. Mittelniederdeutsch heißt es *slāt, slaeth, slatt* in der Bedeutung *'moorige Vertiefung, sumpfiger Ort'*. In Westfalen lautet es oft *sledde* und meint eine *Lichtung im Walde*. *Slāde* bezeichnet im Westfälischen aber auch und insbesondere in unserer Region eine Mulde im Gelände, bezogen auf eine höhere Lage auch „trockene, kleine Seitenmulde ... Senkung im Hang eines Tales, die auf das Haupttal zuläuft"[383]. Die Herkunft (Etymologie) des Wortes bleibt

unklar[384]. Die „gewöhnliche bedeutung im mhd. ist indes 'spur, huf-
schlag, fährte, weg'"[385], was für die Flur und den Ort im Drolshagener
Land ohne Bedeutung bleibt. Im Kreis Olpe, so meint Flöer, sei mit
Schlade oder den Plattdeutschen Varianten eine Talsenke gemeint[386].

Eine moorige Vertiefung trifft für den Ort bei Bleche nicht zu. Die Ortschaft liegt an einem mäßig steilen, eher trockenen Hang oberhalb
von Bleche. Das würde auf die westfälische Deutung der Lage an einer
Senke zum Haupttal (hier dem Blechebach) zutreffen.

Zum Verständnis des Flurnamens ist eine weitere, mögliche, regionale
Bedeutung angemessen, die mit dem Holzschlagen = Holzfällen zu tun
hat, was dann ein „Schlag" genannt wird und mit dem westfälischen
„sledde" korrespondiert. In einer weiteren Bedeutung wird ein mit
Hecken - vor allem Schwarzdorn, der auch *Schlehe* bezeichnet wird -
bestandenes Areal als *Schlaa* verstanden[387]. Sowohl im Wendener
Platt als auch im Drolshagener wird das Areal und in der Folge auch
der Ort mit „op d'r Schlaa" – <u>auf</u> der Schlade bezeichnet.

Die Deutung des Ortsnamens Schlade bei Bleche ist meines Erachtens
„Ort an einem Talhang, der auf das Haupttal zuläuft". Die Ableitung
von der Hecke hat keinen Bezug zur Besiedlung. Zudem entspricht die
Formulierung „op d'r Schlaa" eher der Bewegung den Hang hinauf zu
einer freien Stelle, als zu einer unwirtlichen Ansammlung von He-
ckensträuchern. Diese würden ggfls. auch mit Hag, Hagen oder Hain
charakterisiert. Schlade wird 1563 erwähnt[388], Hesse gibt aber keine
weiteren Informationen.

Schlenke

Die ursprüngliche Bedeutung von *Schlenke* ist sehr vielseitig; so kann
es eine Schleuder oder Schlinge sein, die Einfassung an einem

Brunnen oder eine Bezeichnung für den Löwenzahn, und auch eine *landschaftliche Bezeichnung*. Auch hier finden sich sehr unterschiedliche Ansätze. Im Grimmschen Wörterbuch ist aufgeführt: *„besonders in nd. gegenden bezeichnet schlenke eine vertiefung oder rinne, die das wasser in der erde ausgespült hat... ein sich krümmendes, bruchiges engthal ..., vom wasser ausgespülte vertiefung, niederung, abschüssige stelle"*[389]. Der Ort Schlenke liegt jedoch auf einem kleinen Plateau mit einem weiten Blick über das Sauerland. Auch das Westfälische Wörterbuch kennt ein ähnliche Deutung: *„Mulde (im Gelände) ... (kleine) Niederung, kleines Tal mit Wiesengrund ... ein schmaler, gegen die Umgebung tiefer gelegener Streifen Landes"*[390]. Hier ist der Bezug zu einem heute noch aktiven Flurnamen, der „in der Schlenke" lautet und sich unterhalb des heutigen Ortes in das Tal der Herpel zieht.

Eine weitere Deutung wäre der Bezug zu dem vormaligen Hauptweg, der vor der heutigen Ortschaft eine große Kurve macht und anders verlief, als der heutige, breit ausgebaute und begradigte. Das Messtischblatt von 1927 zeigt den Weg nach Scheda, der durch die kleine Ortschaft Schlenke führte, von Wegeringhausen hochkommend, und Schlenke hinter einer größeren Kurve liegend. Den Weg zeigt auch die Karte von 1784, bei der aber Schlenke nicht eingezeichnet ist[391], wohl aber die große Kurve. In der Beziehung von *Weg* zu *Schlenke* heißt es im Grimmschen Wörterbuch „eine unebene tiefe in wegen ... biegung, krümmung, ausgefahrene stelle im wege"[392]. Im Westfälischen Wörterbuch ist zu lesen: „. mit Wasser gefüllte, rinnenartige Vertiefung (z.B. in der Viehweide); Spur eines Wagens, worin Wasser steht ..., Graben (auf einer Heuwiese) ... 't Water in de Schlenken göng em ööäwer siene waterdichten Klümpkes.... Uut de Schlänke kann dat Waater nich wegg"[393]. Daraus wäre zu schließen, dass es sich bei Schlenke um einen Ortsnamen handelt, der Bezug nimmt zu seiner Lage am Weg in der Nähe einer Krümmung und wo vermutlich Wasser steht.

Das ist möglich, aber mir zu spekulativ, daher gehe ich von der Flurbezeichnung aus, die „in der Schlenke", also eine Formulierung, die die Lage in einem Tal, einer Mulde nahelegt. Die Deutung wäre daher *„Ort an einer Flur, die sich am Hang eines Wiesengrundes befindet, an einem schmalen, gegen die Umgebung tiefer gelegener Streifen Landes".*

Schreibershof

Die Überlieferung für Schreibershof, heute der Hauptort des sogenannten *Schreibershofer Grundes*, beginnt relativ spät. Für ca. 1490 führt Hesse den *„Schrievershoff"* an, bei dem auch für die Zeit von 1470-1500 *„der hoiff Schrivershoiff"*[394] erwähnt wird. Aus dieser Dopplung ist zu schließen, dass es den Hof *Schrivershoiff* bereits als eigenständige Wohnstatt gab, als den *„Hof Schreibershof"*. In den Folgejahren wird wiederkehrend die plattdeutsche Version des *„Schrievers"* (der Laut „w" statt „b"[395]) benutzt, abgesehen von dem Eintrag 1628, wo es *Schreibers Hoff*[396] heißt, auch in zwei Worten geschrieben, wie man eine Person und ihren Besitz verfassen würde und wo die Betonung auf beiden Worten liegt. Auch die Formulierungen *„uff dem Schrivershoff"* oder *„zum Schrivershof"* im Singular lassen vermuten, dass es sich um einen einzelnen Hof und noch nicht um eine größere Siedlung gehandelt hat. Sogar das Schatzungsregister im 16. Jahrhundert erwähnt nur einen einzige Steuerpflichtigen, den *Hanß uf dem Schrivershoff*, pauper, also arm, mit der Folge, dass er keine Steuern zahlen musste[397]. 1841 steht in der Ortschaftstabelle von Viebahn der heutige Name *„Schreibershof"*.

Schon die ältesten Nachweise verweisen auf einen Hof und seinen Besitzer, dessen Bezeichnung der eines *„Schreibers"* war. Im Schatzungsregister von 1536 wird für die Bauernschaft Germinghausen ein

Heinrich Schreiber aufgeführt[398], womit der Beiname oder schon Familienname aktiv ist. In den Dokumenten wird stets der Genitiv benutzt, der dementsprechend die Besitzverhältnisse oder Zugehörigkeit[399] kennzeichnet. Schreiber ist eine Berufsbezeichnung, „allgemein als standesbezeichnung älterer zeit"[400]. Er konnte sowohl zu den höheren Beamten gehören als auch „als niederer dienst, angestellter abschreiber bei behörden, sachwaltern u. a"[401] gelten. Wie andere Berufsbezeichnungen konnte dieser auch zu einem Beinamen und später zu einem Familiennamen werden. Weitere Personen mit diesem Namen im Schatzungsregister sind *Johann Schreve* zu Bernyngkhuißen und *Johan Schreve*, Brachtpe, möglicherweise auch identische Personen.

Das Grundwort lautet „*-hof*" , das in vielen Ortsnamen enthalten ist. Dass, wie bei anderen Ortsnamen mit „*-hof*", die Bezeichnung jüngeren Datums für ein anderes Grundwort steht[402], ist wegen der späten Besiedlung des Tals nicht anzunehmen. Die Größe der Siedlung, die 1556 vier Höfe betrug und damit die gleiche Zahl wie das benachbarte *Bruch* erreichte, lässt auch nicht auf eine hervorragende Stellung schließen[403].

Vielmehr ist davon auszugehen, dass der *hoiff Schrivershoiff* zunächst ein Einzelhof war, der aber bereits einen Namen hatte und diesen weitergab zu der Siedlung, die letztlich *Schreibershof* wurde. Anzumerken ist noch eine Besonderheit zu einigen Regionen, in denen niederfränkisch gesprochen wurde. Nach den Recherchen von Wenker meint der Begriff „*Hof*" auch ein ganzes Dorf, bei dem „*in den Hof gehen*" meint: „*ins Dorf gehen*"[404]. Dies spiegelt sich auch in der Dialektform, das jemand nicht *in*, sondern *im* Schreibershof wohnt. In diesem Sinne ist Schreibershof als „*das Dorf, das nach dem Hof des Schreibers*" benannt wurde, zu verstehen.

Schürholz

Die Überlieferungen zu Schürholz, einem kleinen Weiler oberhalb des Schreibershofer Grundes unter 100 Einwohnern, beginnen erst mit den Schatzungsregistern des 16. Jahrhunderts. Es handelt sich um *Wilhelm vur dem Schurhoultz (1536)*[405] , später als *Wilhelm vor dem Schurholt (1543)*[406] bezeichnet. Entscheidend ist hier „vor". Anders als beispielsweise ein *Hans „in" der Dumicke*, also im Tal, befindet sich die Wohnstätte vor dem „*Schürholz*". Hier ist das *mittelhochdeutsche schiure, schiur, schiuw*, plattdeutsch *Schüer*, also *Scheune* zu finden. Der zweite Teil des Wortes „*Holz*" ist gleichzusetzen mit Wald, sodass der Ortsname bedeutet: *Scheune vor dem Wald*.

Es ist eine eindeutig auf die Wohnstatt verweisende Bezeichnung aus einem Flurnamen, der dem Ort seinen Namen gab. Als Bestimmung für eine weitere Flur wird 1580 eine „*Wildnis oberhalb von Schürholt*"[407] erwähnt. Das Grundwort wird neuzeitlich an „-holz" angeglichen. Das Bestimmungswort gehört zu mittelniederdeutsch (westfälisch) *schüre 'Scheune'*, einer „-i-stämmigen Bildung", zu mittelniederdeutsch „*schuur 'Schutzdach; überdachter Raum'* . Im Plattdeutschen heißt es auch „schuren", wenn man sich bei Regen irgendwo unterstellt. Benannt wurde somit zunächst ein *Gehölz, bei dem sich Scheunen befanden*, und so ist auch der Ortsname zu deuten.

Schützenbruch

Die älteste Nachricht zu Schützenbruch betrifft einen *Peter zum Schützenbruch* um 1613, der an die Pfarrei eine Rente von 4 Stüber zu leisten hatte[408]. Ob zu diesem Zeitpunkt die Siedlung oder der Hof bereits in neuhochdeutscher Schreibweise dokumentiert wurde, ist aus den Aufzeichnungen von J. Hesse nicht zu entnehmen. Da auch die anderen Ortschaften neuhochdeutsch geschrieben wurden, ist eine Übertragung anzunehmen. Die Bauernschaft *Herpel*, zu der *Schützenbruch* gehörte, wird wohl um 1000 n. Chr. besiedelt worden sein. Namentlich benannt für *Schützenbruch* ist allerdings niemand[409]. Auch die Schatzungsregister Mitte des 16. Jahrhunderts weisen keine Personen aus dem *Schützenbruch* auf, was darauf schließen lässt, dass es zu diesem Zeitpunkt keine bäuerliche Besiedlung des kleinen Tals gab. Andernfalls wären diese genannt worden und wenn sie zahlungsunfähig waren zumindest als *„pauper"*, also arm, dokumentiert.

Dass die Gegend allerdings dort bereits früher besiedelt wurde, ist durch die Nennung von aufgelassenen Siedlungsplätzen, die bis zum Ende des Dreißgjährigen Krieges (1648) wüstgefallen waren, nachgewiesen. Dies waren die *„Rawhe Hardt"*[410] zwischen Schützenbruch und Heimicke oder der *„Bergische Hof"* westlich von Schützenbruch[411].

Nach 1613 allerdings muss im Schützenbruch gesiedelt worden sein, wie aus den Aufzeichnungen des Drolshagener Pfarrers *Nikolaus Rutger* zum *„Besitzstand des St. Petri Altars"* zu entnehmen ist. Einen weiteren Hinweis gibt die Nachricht von 1628, als eine *„Fia von Schützenbruch der Buhlerei mit dem Satan bezichtigt und in den peinlichen Verhören der Scharfrichter höchst schmerzhaft gezwickt und gezwackt"*[412] wurde. Nach heutigen Aussagen von Personen aus Schützenbruch wurde sie aber nicht verbrannt, sondern „in die Wälder geschickt"[413].

Die heutige Lage von *Schützenbruch* war durchaus attraktiv und günstig für landwirtschaftliche Zwecke. *Schützenbruch* liegt im Talschluss eines nach Süden offenen Wiesentals, geschützt nach Norden und Westen durch einen Bergzug und durch einen kleinen Bach be- und entwässert. Zudem lag der Siedlungsplatz auch in einem historischen Randgebiet, denn unmittelbar über den Höhenzug

verlief, dokumentiert in einer Beschreibung des *märkischen Wild-
banns von 1437*[114], eine *Landwehr* aus geknickten Dornenbüschen „zur
Abwehr zudringlicher Übergriffe... Sie führte fast ausschließlich über
den Höhenkamm und mied die Niederungen. Diese aus mehrfach geknickten Dornbüschen bestehende Hecke, auch „Hau" genannt, zog
sich von der Lanfertwiese bei Herpel...durch die Flur „Hau" nördlich
von Heimicke und Schützenbruch"[415]. Diese Hecken waren nicht un-
durchdringlich, sondern besaßen auch Durchgänge, die „*Schlag*" genannt wurden. Bewacht wurden diese Durchgänge durch *Feldschüt-
zen*. Sie waren Flurwärter, die darauf achteten, mögliche Diebe oder
jagende Personen von ihren Taten abzuhalten. Die heute noch gebräuchliche Flurbezeichnung „*Am Schlagbaum*" auf dem Weg nach
Schützenbruch lässt vermuten, dass sich dort ein solcher bewachter
Zugang befand. Damit ist die sehr wahrscheinliche Möglichkeit gegeben, das Bestimmungswort des Siedlungsnamens von „*Schütze*" abzuleiten.

Das Grundwort lautet „*-bruch*", althochdeutsch *pruoh* (Neutrum),
mittelniederdeutsch *brōk*, mit langem „*u*" gesprochen, um es von dem
„Abgebrochenen" zu unterscheiden. Die Bedeutung ist „, *ein feuchter
wiesengrund, der beweidet und betreten werden kann*"[416]. Die Bezeichnung gehört in den örtlichen Dialekten zum Allgemeingut.

Die Siedlung ist also nach dem Flurnamen benannt worden, der mit
„*feuchter Wiesengrund, wo die Schützen zu finden waren*" übersetzt
werden kann.

Semantisch möglich, aber aufgrund der Lage des Flurstückes unwahrscheinlich, wäre auch eine Bestimmung durch das „Schütz", als Vor-
richtung zum Aufstauen des Wassers. Dieser wurde in der Nähe der
Mühlen oder zur Vermeidung von Hochwasser eingerichtet. Der in
dem Siepen jedoch noch kleine Bach bedurfte keines von beiden. Eine
weitere Bedeutung des Begriffs „Schützenbruch" bezieht sich auf die

Jägersprache und meint einen abgebrochenen Zweig, der bei der Jagd einem erfolgreichen Schützen überreicht wird. Dies erst in der Neuzeit gebräuchliche Wort hat keinen Bezug zur Siedlung *Schützenbruch*.

Sendschotten

Der älteste Nachweis zu diesem Ort stammt aus 1355 und benennt einen *Heyman van Zinszchotte*[417]. Ein knappes Jahrhundert später 1469 lautet der Name der Siedlung einmal *Sentkoten*[418], ein anderes Mal, eine Seite weiter in dem Dokument, *Senskotten*[419]. Diese beiden Varianten werden in Abschriften 1495 zu [*Hof zu*] *Sentschotten*[420] benutzt. Hier scheint, ähnlich wie bei Fahrenschotten, das „-sk-" als ein „-sch" verstanden worden zu sein und das „s" zum Grundwort gehörig gezählt.

„In Abschriften von Quellen des 16. Jh. erscheint eine auffällige Variante -schossen, die dort neben den Formen auf -schotten steht, zuweilen in derselben Urkunde. Sie ist in den Urkunden des Klosters Drolshagen über die oben gebotenen Beispiele hinaus noch mehrfach bezeugt und deswegen kein einzelner Schreibfehler. Die Variante ist nur unter der Voraussetzung erklärlich, daß man das -sch- zu dieser Zeit als Teil des GW auffaßte und dieses -schotte mit Umdeutung von ndt. -tt- zu nhd. -ss- umgestaltete"[421].

Aus dem ältesten Wort *Zinszchotte* ist ersichtlich, dass das es sich bei dem Bestimmungswort bereits um ein mit „s" endendes Wort handelte, an das sich ein weiteres „s" (z steht für s, nicht für ts) anschloss, das einen Genitiv als Zugehörigkeit darstellte. Somit ist das älteste Wort als *Zins+z+chotte* aufzuschlüsseln. Das Grundwort ist hier „-chotte", also „-kotten", wie es heute noch im Drolshagener Platt für ein kleines Haus gebräuchlich ist. Offensichtlich ist aus dem Genitiv-s des Bestimmungswortes mit dem „k" des Grundwortes ein „-sch" geworden. Damit steht das Grundwort fest als ein *kleines Haus*, das (vgl. dazu Fahrenschotten) auch außerhalb der größeren Siedlungen wie dem Haupt- und Kirchort Drolshagen steht.

Das Bestimmungswort lautet demzufolge „zins", was in einer Anpassung an die niederdeutsche Ausdrucksweise unorganisch ein „t" im Auslaut bekommt. Dies ist u.a auch für „*Zeit*" zu verzeichnen, die althochdeutsch *zît* lautete, aber altsächsisch und altfränkisch zu *tîd* wurde[422], also eine Formulierung wie vor der Lautverschiebung. Daher kann man davon ausgehen, dass das End-s im Bestimmungswort auch zu einem „t" zurückmutierte. 1579 heißt es in einer Abschrift (die wohl in der Originalvorlage noch eine an die ursprüngliche Form angelehnte Version aufwies) *Sentzschotten*[423], was sowohl das „t" für das End-s, das Genitiv-s als auch die bereits angeglichene Form des „-sk-" als –„sch-" aufwies. Nach 1595, zunächst wieder in einer Abschrift[424], dann ab 1706 im Original[425], heißt der Ort wie heute „*Sendschotten*".

Aber welche Bedeutung hat das Bestimmungswort, das so offensichtlich an unser hochdeutsches „Zins" erinnert? Zunächst grenze ich meine Deutung von anderen[426] ab. Flöer geht wie bei vielen Ortsnamen als erstes von einem Personalnamen *Sini* aus, der im Altsächsischen belegt ist. Er hält es für möglich, ihn „als kurzvokalige Bildung zu einer Bezeichnung für 'alt' zu stellen, die noch in Wörtern wie nhd. Seneschall oder got. sineigs 'alt' enthalten ist ... Ein PN ließe sich semantisch insbesondere mit den GW -kōte und -schot vereinbaren"[427]. Er geht danach davon aus, dass es sich auch um ein im Flurnamen *Senne* enthaltenes Element handeln könnte , das „mit germ. *sin- 'trocken' verbunden" wird, „was am ehesten zu einem auf das Gelände bezogenen GW wie -schōt paßt"[428]. Er bleibt in der Deutung unsicher: „Eine sichere Entscheidung ist hier ähnlich wie bei den übrigen Namen nicht möglich, so daß der Ort als 'Siedlung des Sini', möglichwerweise aber auch als 'Einhegung' oder 'Ecke, Winkel auf trockenem Boden' benannt worden sein kann"[429].

Dem halte ich einen anderen Zugang entgegen, indem ich von der ältesten Version ausgehe. Hier liegt m.E. tatsächlich das Wort „Zins" vor, aber nicht in unserem kapitalistischen Sinne einer Zahlung für Geld leihen oder verleihen, sondern die mit einem Lehen verbundenen juristischen Vorgänge, die im Mittelalter althochdeutsch „zins" (als Singular!) genannt wurden. „zins" ist aus dem lateinischen *census* abgeleitet. Verstanden wird darunter „abgabe jeder art, (menschen, vieh, früchte, — geld) die der eigene an seinen herrn bezahlen mußte ... bisweilen wird das wort aber auch dann gebraucht, wenn ich etwas nur deshalb bezahle, weil ich dazu gezwungen werde, d.h. weil ich als ein unfreier, als ein eigener behandelt werde."[430]. Zins ist also ein „öffentlich rechtlicher und wirtschaftsgeschichtlicher fachausdruck des mittelalters"[431]. Es handelt sich um öffentliche Abgaben im Rahmen der mittelalterlichen grundherrschaftlichen Wirtschaftsform: „als abgabe aus dem ertrage von grund und boden; diese war nicht ablösbar und wird daher gelegentlich als dauernd, ewig bezeichnet"[432].

In diesem Verständnis ist also Zinszschotte der *„Kotten, für den öffentlich Abgaben zu leisten"* waren. Diese Lösung für Sendschotten halte ich für zutreffend, da sie auch die genannten Unsicherheiten überwindet.

Siebringhausen

Das älteste bekannte Dokument schlüsselt die Entstehung des Ortsnamens bereits auf. 1469 heißt es in den Regesten von Gut Ewig „*Syverinchusen*"[433]. Das Grundwort ist hier „*-husen*", also „die Häuser" (Einzahl wäre nur hus), erweitert durch „*in*". Diese Silbe kann sowohl zu „hausen" als auch zu dem Bestimmungswort „*Syver*" oder

„*Syverin*" gehören. Dies ist der Personenname „Severin", der im Mittelalter durch die Verehrung mehrerer Heiliger Verbreitung fand, insbesondere im Rheinland und im Erzbistum Köln, wo im 4. Jahrhundert der dritte bekannte Bischof Severin hieß. Und Drolshagen gehörte zum Bistum Köln, was eine Namensgebung einer Person erklärbar macht. Über den Rufnamen hinaus wurde Severin auch zu einem Familiennamen in verschiedenen Formen wie „Siewer" oder „Sieber".

Die ältesten Aufzeichnungen weisen noch nicht auf ein „-inghausen" hin. 1482 heißt es noch Siberkusen[434], 1529 Sieberkusen[435]. In den Schatzungsregistern im 16. Jahrhundert verändert sich der Name in 1536 Dorff Syberingkhuißen[436], 1543 Siberinghaußen[437], 1565 wird ein Peter Syberinghauß[438] erwähnt. Diese Schreibweisen sind mit Vorsicht anzusehen, wurden doch die Namen von externen Schreibern nach den mündlich geäußerten Hinweisen der Bewohner aufgeschrieben. Es ist bekannt, dass in diesen Fällen nicht nur nach dem offensichtlichen Hörensagen aufgeschrieben wurde, sondern auch, dass die des örtlichen Dialekts Unkundigen in Assoziation zu ihnen Bekanntem notierten. Daher kann ein „Syverinkusen" zu einem „Sieberinghausen" werden. So sind auch die folgenden Aufzeichnungen zunächst in der Folge der in den Schatzungsregistern niedergeschriebenen Varianten zu sehen wie 1579 Siebrichausen[439], 1593 Sibergkhausen[440] oder 1596 Siueringhaussen[441]. Erst 1706 heißt es wieder Syberkußen[442], wobei „b" und „w" gleichwertig sind. Im Drolshagener Platt heißt es heute noch „leiwe" für „liebe".

Das es 1792 Sieberinghausen[443] heißt, kann ein Assimilationsvorgang zu anderen Drolshagener „ingen-Orten" sein[444]. Das „e" wäre aber, bezogen auf die ältesten Formen, kein Sprossvokal zum einfacheren Sprechen, sondern ein Bezug zum Ruf- und Familiennamen „Sieber" / „Siewer". Seit 1841 heißt die Siedlung nun Siebringhausen[445], wobei in der Aussprache sich immer ein kleines „e" zwischen *b* und *r* einschleicht.

Die von Flöer vorgeschlagene Lösung erscheint mir zu kompliziert und konstruiert, wie eine Entwicklung „Sigiward konnte bereits früh zu Siward kontrahiert werden, Sigiberht früh zu Sibert". Zu berücksichtigen ist dabei, dass er nicht der regionalen Sprechweise bzw. des Dialekts kundig ist. Dennoch teile ich seinen Vorschlag: „Deutung: 'bei den Häusern der Leute des Sigiberht oder Sigiward'"[446], mit der Ergänzung, dass es sich ganz einfach um eine Form des Severins, also bei den Häusern des Severin, handelt. Dafür spricht auch, dass sowohl „Siewer" als auch „Sieber" heute noch aktiv sind, auch in Drolshagen. Und mit Jellinghaus gehe ich auch von einer „-hausen"-Variante aus.

Stupperhof

Stupperhof ist einer der vier kleinen Weiler im Stadtgebiet Drolshagen, die auch die Endung „*-hof*" besitzen und auch noch als Hofanlage zu erkennen sind. Dies sind des Weiteren im Talverlauf der *Gipper* der *Feldmannshof* und im Brachtpetal *Potzenhof* und *Heiderhof*. *Stupperhof* besteht heute aus zwei Hofanlagen, von denen die eine als Jugendwohnheim einer kirchlichen Wohlfahrtseinrichtung dient und den Namen „*op 'me Stupper*" trägt. Diese heute noch im Drolshagener Platt aktuelle Formulierung verweist auf einen Flurnamen, der zur Bezeichnung dieser Siedlung wurde.

In einer alten, vor 1504 erstellten Kirchenmeisterordnung nennt Hesse den ältesten Namen der Siedlung als den „*hoff Stuttberg*" und nennt den Ort „*Stupperich*"[447]. Letztes ist ein häufiger, auch historisch schon vorhandener Familienname im Drolshagener Land wie *Johann Stupperich*, ein Pächter des Klosterhofes in Ronnewinkel in 1726[448]. Dieser wird 1725 als „Klosterhalfmann in Ronnewinkel" ein zweites Mal erwähnt. Dass Hesse den Namen später in Neuhochdeutsch als „*Stupperhof*" bezeichnet, bedeutet nicht, dass die erste Nennung unrichtig ist, wie Flöer es andeutet. Vielmehr steckt in diesem Familiennamen zum einen der „*Stupper*", wie er im Platt wiederkehrend genannt wird, also der Flurname, und zum anderen eine Endung, die häufig für Erhebungen angewandt wird. Diese Endung „*-rich*" findet sich in Flurnamen wie dem „*Hipperich*" bei Hünsborn, dem „*Ümmerich*" in Olpe oder „*Gipperich*" in Drolshagen. Hierbei kann es sich um eine in der Sprachpraxis verkürzte Form des Berges (oder des Waldes) handeln, was im Plattdeutschen „*Bärch*" genannt wird, bei dem im Übergang vom „*r*" zum „*ch*" ein kleines „*i*" als Sprossvokal nicht zu vermeiden ist. Somit ist nicht auszuschließen, dass Hesse eine Dialektform des „*Stupper*" genannt hat. Noch in der Urkarte werden die Flurnamen „Am Stupper" und „Oberm Stupper" angeführt.

Hesse nennt in den Heimatstimmen die älteste dokumentierte Bezeichnung der Siedlung im Zusammenhang mit einem Hof, dem Hof „*Stuttberch*", was auf einen Flurnamen zurückgeht. Das Grundwort ist „*-berch*", also *Berg*. Dies ist auch der 1593 genannten Flur „*Saatland an der Teimpken (= Theimicke) gegen den Stupperg*"[449] zu entnehmen. Das Grundwort wird im Laufe der Zeit immer stärker verkürzt, sodass es bereits 1591 *Stupperg* lautet, worin der „*Berg*" immer noch mitschwingt. Als Viehbahn 1841 in seiner Ortschaftstabelle die Siedlung nennt, spricht er vom *Stupperhof*, womit der heutige Name gefestigt ist.

Was aber bedeutet das Bestimmungswort, das anfangs „*Stutt-*" lautet? Hier bieten sich zunächst drei Erklärungen an. Jellinghaus geht davon aus, dass das Wort „*Stuten*" für ein abgerundetes Weißbrot auch auf Geländeformen übertragen wurde. Die mittelniederdeutsche Entsprechung wäre „*stūte*", also mit gedehntem „*u*". Dies halte ich für unwahrscheinlich, da die Schreibweisen wiederkehrend auf ein kurzes „*u*" verweisen. Flöer nennt eine weitere Hypothese, dass es auf das altsächsische „stūthahi" für Buschwerk zurückgehen könnte, und verwirft dies auch gleich wieder.

Es bleibt eine dritte Variante, die ich für die zutreffende halte. Uns ist das Wort *Stute* geläufig als Begriff für das weibliche Pferd wie auch für eine Einrichtung, die Pferde züchtet, die dann „Gestüt" heißt. Letzteres lautete im Mittelalter einfach „stut"[450] und bezeichnete „*im eigentlichen gebrauch 'im freien gelände gehaltene herde von pferden, in der auch die zucht besorgt wird', seit ahd. zeit bis ins 16. jh. bezeugt, seit dem 16. jh. dafür, in moderner bedeutung, gestüt"*[451]. Auch sprachlogisch wäre dies möglich. Der „*Stupper*" ist also eine kontrahierte (verdichtete) Form des Flurnamens für eine *Stelle an oder auf einem Berg (oder Wald), an der Pferde gehalten und gezüchtet wurden.* Von dieser hat der Stupperhof seinen Namen bekommen.

Wegeringhausen

Schon der älteste Nachweis des Ortes in Urkunden verweist auf den Charakter eines „*-inghausen*"-Namens. 1371 geht es um einen *Herman van Wegherinchusen*[452], was so gut wie vollständig auch den heutigen Namen abbildet. Löst man das Wort *Wegherinchusen* auf, bleiben das Grundwort, dass sich aus „*-inch*" (= ing, also die Formulierung der Zugehörigkeit) und „*-husen*", also Häuser bildet. Als Bestimmungswort findet sich *Wegher*, was auf den zweigliedrigen Personennamen *Wāgheri* oder *Wēgheri* zurückzuführen ist. Das erste Glied des Namens ist mit dem germanischen *wēga* = etwas Bewegtes, was wir heute noch von der Woge kennen, die altsächsisch „*wāg*" lautet. Der zweite Teil des Namens hängt mit dem altsächsischen *heri* 'Schar, Leute, Heer zusammen, was wiederum im Namen Heribert noch bekannt ist.

Von der ältesten Überlieferung als *Wegherinchusen*, über *Weige-rinchusen*[453], *Wecherkusen*[454], *Wegerinckhuisen*[455] bis 1841 *Wegering-hausen*[456] zeigen sich sowohl die plattdeutschen Kontraktionen zu „kusen" als auch eine Variante, die offensichtlich in den Akten des Klosters Drolshagen im 16. Jahrhundert vorherrscht: *Wecherkusen*. Der Deutung von Flöer kann ich mich anschließen, nach der der Name als „*bei den Häusern der Leute des Wāgheri / Wēgheri*" zu verstehen ist.

Wenkhausen

Der Ortsname des kleinen Ortes an der Bundesstraße erschließt sich noch nicht aus dem ältesten Dokument, das in einer Abschrift aus dem 16. Jahrhundert ihn mit der Jahreszahl 1336 *Wenchekos*[457] benennt. Josef Hesse verweist für dasselbe Jahr auf einen *Godefried von Wenk-hausen* (er benutzt die neuhochdeutsche Version), der eine Manse (mittelalterliches Flächenmaß) in *Ebberg* im Kirchspiel Valbert an die Witwe Sophia von Ebberg (wahrscheinlich eine Ortsbezeichnung) verkauft. Damit führt er auch das adlige Geschlecht derer *von Wenk-hausen* in seine Ausführungen ein. Die Äbtissin des Klosters Drolsha-gen kauft 1349 von *Rutger* genannt *Ruckil de Wentinkusin* dessen An-teile an dem Gut Neuhaus bei Bleche[458]. Der ebenfalls adlige *Heinrich von Drolshagen*, wahrscheinlich ein Sohn des nach Münster abgewan-derten *Bernd von Drolshagen*[459], war bei diesem Verkauf anwesend. Hesse geht von alten verwandschaftlichen Beziehungen zwischen den beiden adligen Familien aus.

Ein häufiger Rufname in der Familie der Herren von Drolshagen ist *Winand*, der sich althochdeutsch bzw. altsächsisch auf *wīg* = Kampf und *nand* bzw. *nath* = kühn (altsächsisch) zurückführen lässt[460]. Aus diesem Namen, ergänzt durch die Silbe „–ing", was soviel wie eine

„Zugehörigkeit zu…" bedeutet und das Grundwort „-husen" (nieder-deutsch) wird „*Winand-ing-husen*", das zusammengezogen zu „*Went-hinghusin*" der Vorläufer für Wenkhausen. Weitere Formen sind: 1350 Frederig van *Weninkus(in)*, „de eyn walgeboren Knape is"[461], 1388 *Wenttynchusen*[462] bis es 1596 erstmals *Wenckhaussen* genannt wird. Dabei ist festzustellen, dass es zu einer weiteren Zusammenziehung (Kontraktion) gekommen ist, die im (Drolshagener) Platt die Regel ist. In der Endung „-inghusen" wird das „g" verhärtet und mit dem „husen" verbunden, sodass zur neuen Endung „-kusen" kommt. Schließlich wird „*Wenkusen*" daraus bzw. in neuhochdeutsch „*Wenk-hausen*".

Der ursprüngliche Name der Siedlung ist demzufolge „*der Ort, wo die Nachfahren des Winand wohnen*". Dabei muss ungeklärt bleiben, ob dieser Name zunächst für die Siedlung galt, wo möglicherweise ein Adliger von Drolshagen wohnte, der Winand hieß und daraus der Name für ein neues Adelsgeschlecht derer von Wenkhausen wurde oder ob der Ort nach dem dort wohnenden Herren von Wenkhausen benannt worden ist.

Wintersohl

Die Herkunft dieses Ortsnamens wird auch nach den folgenden Recherchen und Abwägen von Deutungen im Unklaren bleiben. Greift man auf die älteste Erwähnung zurück, die erst 1531 einsetzt, bei der ein *Hannes Wyntersoil*[463] genannt wird, findet man schon die dem heutigen Ortsnamen entsprechende Form. Daher kann nur über Rückschlüsse und Vermutungen ein wenig Klarheit erreicht werden.

Zunächst stellt Flöer fest, dass man unterscheiden muss, ob das „*s*" in der Mitte des Wortes zum Grundwort „*ohl*" gehört, was dann „*sohl*" lauten würde, was einen Sinn ergibt. Oder ob es sich um ein an das Bestimmungswort „Winter" angehängtes „s" handelt, was einen hochdeutschen Genitiv bedeuten würde: „des Winters". Dies halte ich für nicht möglich, da im Niederdeutschen, also auch dem Drolshagener Dialekt der Genitiv ausgefallen ist[464]. In einem Fall würde das Grundwort „ohl" lauten, was unter anderem in Ortsnamen auch gebräuchlich ist. Seine Bedeutung ist ein feuchtes Wiesengelände in Tallage, das von einem Bach durchflossen ist[465]. Auch die Deutung „sol" ist nachvollziehbar, wie das im Neuhochdeutschen gebrauchte „Talsohle" als ein tiefer gelegener Landschaftsteil nahelegt. In „Kirchesohl" liegt dies nach Scheele vor[466]. Es kann aber auch ein durch den Sprachgebrauch eingefügtes „s" sein, das einen besseren Sprachfluss darstellt[467]. In den Dokumenten zum Drolshagener Kloster liegt beides vor. 1518 heißt es zu einer Gemarkung einmal: *to dem Wyntersberge*[468], aber 1599 *auf dem Winterberge*[469]. Ich halte die Einfügung für wahrscheinlicher, was allerdings auch dauerhafte Konsequenzen hatte[470].

Schwieriger wird es mit dem Bestimmungswort. Nach Flöer wäre das Bestimmungswort altsächsisch *wintar*, mnd. *winter*, also 'Winter'. Es könnte aber auch ein stark flektierter Personenname sein[471]. Was heißt das?

In dem bekannten Hochsauerländer Ortsnamen *Winterberg* ist der Bezug durch den höheren und dauerhaften Schneefall des auf einem Hochplateau gelegenen Ortes durchaus nachvollziehbar, aber weniger in dem eher engen Tal von *Wintersohl*. Die dortigen Temperaturverhältnisse, die durch die übertragene Bedeutung von „Winter" beschrieben werden sollen, geben diese Deutung nicht her. Flöer geht daher von einem Personennamen aus.

„In Betracht käme der PN (Personenname) Wintar, der etymologisch zu as., ahd. wintar 'Winter' zu stellen ist … Im As.(Altsächsischen) ist zu diesem Namenstamm ein PN Wintrico belegt ... Bis zum Einsetzen der Überlieferung kann Winter aber auch aus dem gut bezeugten PN Wintheri entstanden sein ... , der auch im As. belegt ist ... Im Ganzen erscheint die Annahme des GW (Grundworts) -ohl und des PN Wintheri am plausibelsten. ..."[472]. Flöer verweist auf die zwei Orte Winterswijk in den Niederlanden und die Wüstung Wintershausen im Kreis Waldeck-Frankenberg, die nach ihren bis ins 11. Jh. zurückreichenden Frühbelegen ebenfalls diesen Personennamen enthalten.

Ich halte aber eine weitere Möglichkeit gegenüber den oben genannten für plausibler. Das Grundwort ist meines Erachtens nach „ohl", also eine Tallage, die auch durch den durchfließenden Bach als feucht und morastig angesehen werden kann. Immerhin wurden und werden die dortigen Wiesen jährlich durch Entwässerungsgräben für die Landwirtschaft brauchbarer gemacht. Von daher ist ein Bezug zur Nutzung dieses Tals zu sehen.

Zum einen kann das althochdeutsche „winnede" zugrundeliegen, was soviel wie Weideplatz bedeutet, abgeleitet von „winna" = Weide. Die nicht weit entfernte Flur am Rande von Drolshagen wird heute noch „In der Wünne" genannt, was „morastige Wiese" bedeutet[473]. Über das „winnede" kann das „t" aufgenommen worden sein. Wenn zur Zeit des Schatzungsregisters von den Anwohnern das Tal als „winnede-s-ol", also feuchter Wiesengrund genannt wird, ist leicht ein Verschreiben mit Worten, die den Schreibern geläufig waren, als Wintersoell[474] möglich. Denn wie an anderer Stelle erwähnt, waren die schreibkundigen Beamten nicht der örtlichen Sprache mächtig. Für den Zweck der Besteuerung war es auch unbedeutend, ob die Bezeichnung mit der örtlichen Semantik übereinstimmte. Im Sinne der Assoziation blieb danach das von ihnen formulierte „Wintersohl" erhalten.

Aufgrund der örtlichen Bedingungen und eines Assoziationsvorgangs[475] gehe ich davon aus, dass die Deutung des Ortsnamens

„feuchter Wiesengrund" lautet. Dies ist ein Rückschluss, der leider nicht durch ältere Dokumente vollständig bestätigt werden kann. Im Übrigen heißt eine ähnliche Gemarkung im wendschen Altenhof „Wiehbruuk", also „Weidebruch", was durchaus mit Wintersohl korrespondiert.

Wormberg

Bei der Ortschaft *Wormberg* ergeben sich einige Schwierigkeiten der genauen Herleitung des Ortsnamens. Würde man vom heutigen Sprachgebrauch ausgehen, wäre das Grundwort „*berg*" und das Bestimungwort „*Worm*", was einer bis ins 17. Jahrhundert geläufigen Variante des Wurms ist. Damit wäre der Ort eine Siedlung auf, möglicherweise auch an einem durch Würmer bestimmten Berg. Der Berg oberhalb der Ortschaft aber ist schon lange der „Steupingen".

Was geben die alten Dokumente her? Der bisher älteste schriftliche Nachweis für die Existenz der Siedlung ist schon relativ jungen Datums. Im Jahr 1516 lautet es „*tho dem Wormbrige*"[476]. Das Grundwort „*brige*" führt Flöer auf eine Dativform des Berges, mittelniederdeutsch *berig* , das zu *berch* = Berg wurde, zurück und meint, dass der Ortsname nach dem Berg benannt wurde, an dessen Fuß er liegt. Außerdem liege der Ort an dem Bach, der heute noch *Wormicke* heißt, und der dem Berg und dem Ort den Namen gegeben habe.

Nimmt man nun zunächst hypothetisch an, dass es sich bei *Wormbrige* um einen Schreib-, vielleicht auch später bei der Analyse der Archivtexte des Klosters um einen Lesefehler gehandelt habe, bietet sich ein Verständnis an, das mit dem heutigen Gebrauch zu tun hat. Es könnte sich um die *Wormb(r)ige* handeln, die *Worm-bieke,* heute *Wormicke* genannt wird. Damit wäre der Gewässername als Grundlage für die Bezeichnung der Siedlung nachvollziehbar. Dagegen spricht allerdings, dass es heißt „*tho dem Wormbrige*", also einer maskulinen Formulierung. *Bieke* oder in der alten Form der *bēke* ist aber weiblich. Unbestritten ist hingegen, dass der Name des Bachlaufs, der heutigen *Wormicke*, als Bestimmungswort diente. Dies werde ich weiter unten näher erläutern.

Für die Bedeutung „berg" bietet sich auch der bis heute verwendete Begriff für den Wald, für ein Gehölz dar, wie es sich in „Hauberg" zu Ausdruck bringt. Das wiederum könnte bedeuten, dass der *Wormberg* das Gehölz, der Niederwald an der *Wormicke* war. 1536 wird im Schatzungsregister ein *Herman Wornenberg* genannt, was nicht als Familienname, sondern als Bezeichnung seiner Wohnstatt diente[477]. Ebenso ein *Wille zu Woembergh*[478], bei dem das „e" für ein „r" stehen kann, wie es heute noch in der örtlichen Sprachpraxis häufig ist. Es ist unwahrscheinlich, dass es sich innerhalb von 20 Jahren so radikal änderte. Ich würde der Bedeutung *Bach an dem Gehölz* den Vorrang vor der Bezeichnung der Siedlung am Fuß der Erhebung eines „*Wormberges*". Begründen kann ich das auch damit, dass Gewässernamen immer älter sind als die von Erhebungen, was bedeutet, dass die Bezeichnung der *Wormicke* die ursprünglichere ist.

Die Bezeichnung des Berges als Wald ist dem Drolshagener, wie dem gesamten südsauerländischen Sprachgebrauch geläufig. Es bezieht sich auf einen Begriff, der im Wortschatz des älteren Deutschen offenbar früh ungebräuchlich geworden war und nur in den Mundarten überlebte. Verbinden kann man ihn mit dem dokumentierten altenglischen *bearu* oder *bearo*, das „*kleiner Wald, Hain, Gebüsch, Gehölz*" meint[479].

Wie kam es aber zu dem Bestimmungswort „*worm*", dass sowohl im Bach- als auch den Siedlungsnamen zu finden ist? Dass es sich auf einen Wurm oder auf das häufige Vorkommen von Würmern, namentlich Regenwürmern bezieht, ist auszuschließen, da diese selbst in dem kargen Erdreich des Drolshagener Landes häufig vorkommen. Auch die Übertragung auf einen „spassigen Menschen" oder der Personenbezeichnung, dass es ein „armer Wurm" sei, ist nicht anzunehmen. Allerdings ist die Bezeichnung des Tieres oder des Bei- und Familiennamens bis ins 18. Jahrhundert durchaus auch „worm"[480]. Auch der Bezug zum Feuersalamander, der relativ selten ist und auch „worm" genannt wurde, ist auszuschließen.

Was bleibt, ist eine Erklärung über den Bachlauf und dem daraus folgenden Flurnamen. Wenn man ganz weit zurückgeht, trifft man auf die indogermanische Wurzel *„uer"*, die *„drehen, biegen"* bedeutet , aus dem sich das germanische *„wurm"* bzw. das niederdeutsche *„worm"* ebenso wie *„winden"* [481] entwickelte. Ein weiterer Begriff ist aus dem gleichlautenden *„uer"* abgeleitet, der *„Ur"*, also der Name für den Auerochsen. Hier ist die Bedeutung *„feucht"*[482].

Schaut man sich nun auf einer Karte den Verlauf des Baches an, so zeigt sich ein sehr gewundenes, in kleinen Kurven sich schlängelndes Gewässer, das in einigen Teilen extrem begradigt wurde. Gerade oberhalb des Ortes Wormberg zeigen sich diese Windungen. Damit ist die Bezeichnung als *„sich (wie ein Wurm) windender Bach"* gerechtfertigt. Die Siedlung, die in der Nähe des Baches, aber hochwassersicher auf einem kleinen Plateau angelegt ist, bekam diesen Namen im Zusammenhang mit dem Gehölz, das den ebenfalls die Bezeichnung von diesem bekam. Zusammengefasst ist Wormberg die *Siedlung, die an einem Gehölz liegt, durch das ein sich windender Bach fließt*. Nicht ausschließenmöchte ich allerdings auch die Rückführung auf *uer* als Bezeichnung für etwas Feuchtes. Der Wiesengrund der Wormicke, die bei größeren Regenmengen durchaus auch viel Wasser transportiert, wäre ein guter Grund für diese Benennung. Beiden Lösungen gemeinsam ist die Ableitung von der Wormicke, nicht von dem Hügel.

Wüstungen und andere nicht mehr existierende Orte

Günther Becker, einer der renommiertesten Forscher der heimischen Geschichte, hat in den Jahren 1957 – 1961 die wüstgefallenen Orte des Kreises Olpe untersucht, soweit für diese auch Dokumente oder zumindest Nachweise vorliegen. Er erwähnt dazu u.a. Lynderbeke (Bleche), Raue Hardt (Schützenbruch/ Heimicke), Stentenbeck (Herpel), Kaltenborn (Dumicke), Alte Hof (Dumicke), Honert (Drolshagen), Herrnscheid (Drolshagen), Katerberg (Drolshagen), Altenfeld / Aldenfelde (Drolshagen), Im alten Hofe (Benolpe), Steupingen (Iseringhausen) und Cäcilienhäuschen (Eltge). Für diese hat er in den besagten Jahren auch detaillierte Beschreibungen gemäß den vorliegenden Dokumenten verfasst[483]. Auch Josef Hesse erwähnt weitere 13 Siedlungsplätze, die seiner Meinung nach bis gegen Ende des 30-jährigen Krieges wüstgefallen, also verlassen worden sind[484].

Das Wüstungsgeschehen kann in diesem Zusammenhang nicht weiter thematisiert werden, nur auf ein paar Kriterien möchte ich hinweisen. Die Drolshagener Region wurde vom 9. – 11. Jahrhundert als bleibender Siedlungsraum erschlossen. Die Rodungen des Urwalds und die Nutzung als bäuerliches Land erfolgte bis ungefähr 1150. Danach wurden nur vereinzelt neue Siedlungen angelegt. Bis ins 14. Jahrhundert wurde die landwirtschaftlich nutzbare Fläche ausgeweitet. Danach ist eine rückläufige Siedlungsentwicklung festzustellen. Die Gründe, weshalb die Siedlungen aufgegeben wurden, sind nur ungenau festzustellen und wahrscheinlich vielfältig. Eine wichtige Rolle aber wird ein Zentralsierungsvorgang gespielt haben, bei dem die meist in den Randlagen oder geografisch und klimatisch ungünstigeren Lagen befindlichen Siedlungen, die ohnehin überwiegend Einzelhöfe waren, zugunsten der naheliegenden Dörfer oder der auch militärisch sichereren Stadt wie Drolshagen aufgegeben wurden.

Exemplarisch für das Drolshagener Land habe ich nun fünf Orte aus-
gewählt, um zum einen das Wüstungsgeschehen zu benennen, zum
anderen auch die unterschiedlichen Entwicklungen anzuführen.

Aldenfelde

Hesse führt diesen wüstgefallenen Ort in seiner Aufzeichnung von 24
Wüstungen auf dem Stadtgebiet Drolshagens ins Neuhochdeutsch
übertragen als *Altenfeld* auf[485]. Nach den Recherchen von G. Becker
und den Angaben, die Hesse nennt, lag *Aldenfelde* südöstlich von
Benolpe, also Richtung Drolshagen, aber immer noch weit vor der
Stadtsiedlung. Zu vermuten ist eine Lage an dem Zusammenfluss der
Wormicke und der Gipper, dem Bach der von Stupperhof kommt und
sich kurz vorher mit der Theimicke vereinigt hat. Dies würde dem öst-
lichen Ende des heutigen Drolshagener Stadtparks entsprechen. Der
Ort ist erstmals 1349 mit einem *Gerhard van Aldinveld*[486] erwähnt.
1394 lautet er *Aldenvelde*[487], dann in einer wohl vom Dialekt beein-
flussten Form 1416 *Oldenvelde*[488]. Weitere Nennungen sind 1469
Altenvelde[489] und 1470 *Aldenvelde*[490]. G. Becker geht davon aus, dass
die Bewohner der Siedlung vor 1500 in die Stadt übersiedelten, wie
dies auch für die ebenfalls wüstgefallenen Orte *Steupingen* und *Herrnscheid* überliefert wird. Geblieben ist der Flurname, wie sich aus den
Bezeichnungen 1556 [*zum*] *Aldenfelde* und 1556 *vff dem Aldenfelde* erkennen lässt.

Es wird sich um einen Einzelhof gehandelt haben, da der *Stupperhof*
und die wüstgefallenen Siedlungsplätze *Herrnscheid* und *Altenhofen*[491] (südlich von Benolpe) jeweils unter einem Kilometer entfernt
lagen. Auf diese wüstgefallenen Höfe verweisen heute noch erkenn-
bare Ackerterrassen. Auszugehen ist von der Übernahme eines

Flurnamens „Altes Feld", was üblicherweise auf ein seit langer Zeit bewirtschaftetes Ackerland in der Nähe eines Ortes verweist.

Herrnscheid

Der heutige Herrnscheid ist eine der hohen Erhebungen rund um Drolshagen (460 m). Allerdings liegen Nachweise vor, dass es sich bei „*Herrnscheid*" auch um eine Siedlung handelt, die nach Fincke[492] 1477 aufgegeben wurde, als deren Bewohner wie auch die aus Steupingen in die befestigte Stadt Drolshagen gezogen sind. Bei Pflanzarbeiten Anfang der 50ger Jahre des letzten Jahrhunderts wurden im oberen Tal der Theimicke Überreste einer Besiedlung gefunden, was die oben angeführte Aussage nach Günther Becker bestätigt.

Günther Becker, der in den 50-ger Jahren intensiv zu den verlassenen Ortschaften im Kreis Olpe geforscht hat[493], nennt im Rückgriff auf das Archiv des ehemaligen Klosters Drolshagen einen *Gerart von Herlschedel* für die Jahre 1352 und 1355[494]. Dies ist der älteste dokumentierte Nachweis über die Existenz dieser Siedlung. Er wird als Beiname geführt und verweist auf die *Wohnstatt* des Gerart. Ende des 14. Jahrhunderts wird im Präsentationsregister Herford erstmals dem heutigen Namen ähnlich „*Herenscheid*" angeführt. Nach 1510 betreffen die Erwähnungen nicht mehr Personen, sondern erweisen sich als *Flurnamen*: 1510 *[Land am] Hernschede*, 1556 *in der Hernschet* oder 1556 *im Henschede*. Die Vermutung liegt nahe, dass die Benennung der Siedlung nach diesem wohl schon älteren Flurnamen erfolgt ist, zu dem sie auch wieder wurde. Die Siedlung Herrnscheid war offensichtlich nur ein Einzelgehöft, wie es viele der Weilersiedlungen[495] im Drolshagener Land gab.

Das Grundwort lautet eindeutig „*Scheide*" in den verschiedenen Varianten. Dies ist nachzuvollziehen, da der Ort im oberen Bachverlauf der

Theimicke unterhalb des heutigen Herrnscheider Kopfes liegt, der wie viele Bergrücken des Mittelalters mit Grenzwäldern[496] bestückt war. Das Wort „Scheide" meint nicht nur die Grenze selbst, sondern bezeichnet auch eine *Gemarkung*, eine *Siedlung, die auf einem abgeschiedenen Stück Land steht*. Dies trifft auf „Herrnscheid" zu, zumal sich die Flurbezeichnung weiter erhalten hat.

Das Bestimmungswort „Herrn-" ist mehrdeutig. Nicht nachvollziehbar sind die Rückführungen auf die „Herrin", die Äbtissin von Herford[497]. Die Bezeichnung einer herrschenden Frau als Herrin ist erst in der Neuzeit entstanden. Wenn bereits um 1350 der Name der Flur „Herenscheid" lautet, kann es sich nicht um die Äbtissin gehandelt haben, da sie eine „*frawe*" oder „*weib*" war. Der Ehrentitel einer Äbtissin ist u.a. „*Ehrwürdige Mutter*" oder wie Hesse selbst an anderer Stelle schreibt „unsere liebe Frau". Zudem wird das Bestimmungswort durchgehend mit einem einzelnen „*r*" geschrieben. Bereits im mittelhochdeutschen lautet es „*hêrre, herre*".

Ebenso zu verwerfen ist ein Rückbezug zum Personennamen *Herio*. Sinnvoll hingegen ist der Bezug zu der Lage der Siedlung (etwas 100 m oberhalb des letzten Hauses in der Theimicke) am Fuße der Erhebung. Flöer hält einen Bezug zu „in einigen westfäl. ON enthaltene Element Har- (für) möglich für eine scharfe Geländeform (haru = 'scharf')"[498]. Hier wäre eine Veränderung des „a" zu „e" erfolgt. Der zwar teilweise steile Hügel ist aber nicht als „scharf" zu kennzeichnen. Ich halte eine andere Variante für möglich: Der Bezug ist zu „hardt", einer nicht mehr gebräuchlichen Benennung eines Bergwaldes oder eines bewaldeten Hangs. Damit wäre der Herrnscheid eine an einem bewaldeten Hang gelegene Siedlung, die durch einen Grenzwald oder andere errichtete „Scheiden" benannt ist. Auch hier ist eine Veränderung des „a" zu „e" vollzogen. Greift man jedoch auf die ältesten Bezeichnungen zurück, die noch ein „l" besitzen, ergibt sich noch eine weitere, durchaus plausible Bedeutung.

Im Althochdeutschen Wörterbuch wird für den Baum *Erle* neben dem mittelhochdeutschen „*erila*" auch eine altdeutsche Variante als „*herl*"[499] angegeben. Davon abgeleitet wird etwa die Kornelkirsche – ein Hartriegelgewächs - auch als „Herlitze" (Form der „herl -linge") geführt. Nehmen wir diese Bezeichnung als Ausgangspunkt, ergibt sich in der Folge der Ortsbezeichnung zum *Gerart van Herlchedel* bzw. das 1406 gebrauchte „*Herlscheide*" die Bedeutung, dass es sich um eine *Siedlung an einer Scheide mit einem Erlenbestand* handelt. Dies ergibt auch von der Lage der Wüstung „Hernscheid" einen Sinn, denn noch heute liegt oberhalb des Standorts im Talschluss in Quellmuldenlage der Theimicke ein sumpfiger Bereich mit einem hohen Erlenbestand. Ich halte diese Deutung für plausibel. Die Dokumentenlage lässt abgesehen von den oben erwähnten Ausschlüssen keine eindeutige Erklärung zu. Die Schreibweise mit „Doppel-*r*" ist eine Angleichung an das hochdeutsche „*Herr*" ohne Bezug zur Wurzel des Bestimmungswortes.

Myddelenbleken

Bei der 1469 benannten Siedlung *Myddelenbleken*[500] wird es sich um einen Ortsteil von Bleche gehandelt haben. Zum Vergleich hier auch: *Niederdumicke* als Ortsteil von und in der Nähe von *Dumicke*, wo ein Jacob *Hitze* gesiedelt hat[501]. Dieser Ort hieß später „*Hitzendumicke*". Genaueres über Myddelenbleken, das in der Mitte gelegene Bleche, ist nicht bekannt.

Niederndorp

In der Bauernschaft Herpel wird bei der Schatzung 1536 ein *Gobbell von Nerendorff* erwähnt. Nach Hesse ist dieser Ort hochdeutsch

„*Niederdorf*" mit Herpel identisch. Dies ist nachvollziehbar insofern, dass zwar die Forderungen in der Schatzungsliste für die *Bauernschaft Herpel* angeführt werden, allerdings anders als bei *Schreibershof, Brink, Bruch* oder *Heimicke* der Ortsname *Herpel* nicht auftaucht. Andere Bezeichnungen im Schatzungsregister sind *Norendorff, Niederndorp, Nidendorp* und *Nerendorp*. Dagegen spricht, dass spätestens 1355 mit *Johan van Herpoil*[502] der Siedlungsname *Herpel* auftaucht.

Allerdings kann *Niederndorp* auch ein Teil der *Herpel* genannten Siedlung gewesen sein, wie es üblich war, Dörfer auch in „Oberdorf" und „Unterdorf" zu benennen. In den meisten Fällen bestimmt die jeweilige Talform die Grundrissgestalt des Dorfes. Aus Dokumenten ist eine genaue Lage nicht bekannt. Das „nieder-" kann sowohl eine Lage unterhalb (z.B. am Fuße eines Hügels) oder auch weiter flussabwärts bedeuten. Ich gehe von letzterem aus. Flöer stellt auch die Vermutung auf, dass diese Siedlung beim Bau der Listertalsperre Anfang des 20. Jahrhunderts untergangen sein könnte.

In einem Dokument, das die Zeit 1470-1500 umfasst, wird der *hoiff Nyerendorff*[503] genannt. Die doppelte Aussage, dass es sich um einen Hof handelte und dessen Bezeichnung nach einem Dorf, lässt auch vermuten, dass es diese Siedlung bereits seit längerer Zeit gab. Dabei ist nicht davon auszugehen, dass es sich um eine im heutigen Sinne geschlossene Siedlung handelte, sondern dass es sich „in historischer Zeit (um) ländliche Ansiedlungen vom Einzelhof über eine Bauerschaft, d.h. eine als zusammengehörig betrachtete Gruppe benachbarter Höfe, bis hin zur verdichteten Siedlung"[504] handeln konnte, die auch „*dorp*" = Dorf genannt wurde. Nach 1568 verlieren sich mit *Neirendorp* die Nennungen[505].

Für die relative Eigenständigkeit als Siedlung spricht vergleichsweise die Nennung eines „*Niederdumicke*"[506] und dem dortigen Hof des *Ja cob Hitz* in den Lehnsprotokollen des Klosters Drolshagen von 1556. Unschwer ist zu erkennen, dass daraus das *Dumicke* des *Hitzen* wurde, *Hitzendumicke*. Mit dem zweiten Bestimmungswort „*Nieder-*" werden Ortsteile benannt, die aus dem Ort heraus besiedelt wurden bzw. in der Nähe liegen und mit diesem noch eine organische Einheit bilden, bis auch sie eine eigenständige Siedlung darstellen. Dies ist auch für das „*Niederdorf*" bei Herpel anzunehmen. Das Grundwort ist eine niederdeutsche Form des „Dorfs", also *dorp*.

Steupingen

Steupingen ist der Name einer nach 1477 aufgegebenen Siedlung auf dem Gebiet der Stadt Drolshagen. Sie lag in dem Quellmuldengebiet *Lürrwiese* zwischen Drolshagen und Iseringhausen am Fuß der mit 492 m höchsten Erhebung der historischen Stadt, des „*Steupingen*". In der Zeit der Stadterhebung von Drolshagen im Jahr 1477 zogen die Bewohner der Siedlungen Steupingen und Herrnscheid in die Stadt. Die Äcker wurden weiter bewirtschaftet. Die Siedlungen fielen wüst, die Flurnamen haben sich erhalten.

Steupingen ist ein Siedlungsname, der als „*Stelle bei abgestuftem Gelände*" zu verstehen ist. Dies hat sich bis heute in dem Flurnamen der „*Lürrwiese*" erhalten. Nach Jellinghaus ist „*lühr*" ein Name u.a. von hochgelegenen Feldern, was sich durch Überreste von heute noch erkennbaren Ackerterassen bestätigt. Die in den ersten Dokumenten aufgezeichnete Variante enthält die Silbe *Stōp-*, die zu dem mittelniederdeutschen *stōpe* = Stufe gehört und das wahrscheinlich mit *stōpo* = Fußstapfe verwandt ist.

Die ältesten Dokumente, die auf die Existenz von Steupingen verweisen, enthalten Aussagen über Personen wie 1349 *Werner van Stu*

pingin[507] und in der Variation 1350 *Wernher von Stopingen*[508]
sowie von 1355 – 1360 *Hermann von Steupingen* in den Variationen
1355 *Herman van Stopingen*[509], 1360 *Hermannus de Stopingin*[510] und
1361 *Herman van Stopingin*[511]. Dass Steupingen bereits im frühen Mittelalter besiedelt wurde, ist durch Bodenfunde nachgewiesen.

Steupingen ist, wie in der handschriftlichen „*Chronica Drolshagensis*"
des Priesters Johannes Josef Wilhelm Finck aus dem Jahr 1768 berichtet wird, im Zuge der Verleihung der Stadtrechte an den größeren
Nachbarort Drolshagen im Jahr 1477 durch den Kölner Erzbischof
Ruprecht von Bayern verlassen worden. Die Siedlung „fiel wüst". Die
nachfolgenden Erwähnungen beziehen sich auf den Flurnamen wie
1581 auf die *Steupinger Hoehe*[512] oder 1590/91 den Gewässernamen
[in der] Stoppinger Bicke[513].

„Die Form des Höhenzuges bei Steupingen legt ... eine Verbindung mit
mnd. *stope* 'Stufe' nahe. Hesse[514] und Becker [515]weisen auf die Anlage
von Stufenrainen in der ehemaligen Feldflur hin. Man kann vermuten,
daß diese durch ein entsprechend geformtes Gelände womöglich er-
leichtert wurde. Benannt wurde somit eine 'Stelle bei abgestuftem Gelände'"[516]. Bis heute ist der Ort, wo sich die Siedlung befand, im Bewusstsein älterer Drolshagener bekannt[517].

Einige Anmerkungen zur wissenschaftlichen Erforschung der Ortsnamen

Sucht man nach Ortsnamenbüchern, die nicht nur regional bezogen oder summarisch Orts- und Siedlungsnamen aufweisen, stößt man nur auf wenige solide Werke neueren Datums[518]. Das einzige aktuelle, umfassende Werk scheint mir das von Manfred Niemeyer, als „Deutsches Ortsnamenbuch" im Jahr 2012 erschienen, zu sein. Es enthält auf über 700 Seiten kurze Lexikonartikel zu den Bezeichnungen von Orten in ganz Deutschland über 7.500 Einwohnern[519]. Etwas älter ist das im Jahr 1999 erschienene Werk von Dieter Berger „Geographische Namen in Deutschland" oder „Deutschlands geographische Namenswelt" von Hans Bahlow aus 1985. Eine lobenswerte Ausnahme ist das mit 20 Bänden nun abgeschlossene Projekt „Westfälisches Ortsnamenbuch" der Niedersächsischen Akademie der Wissenschaften zu Göttingen, in deren Reihe auch das für meine Ausführungen maßgebliche Werk über die Ortsnamen im Kreis Olpe veröffentlicht wurde.

Auch heute noch wird gerade bei der Suche nach etymologischen Wurzeln die Forschung des 19. Jahrhunderts in Anspruch genommen, auch wenn einige der damaligen Deutungen zeitbedingt und heute durch neue Erkenntnisse überformt sind. Zentral dafür ist „Das Deutsche Wörterbuch" der Brüder Jacob und Wilhelm Grimm, das als das größte und umfassendste Wörterbuch zur deutschen Sprache gilt. Zu Beginn des 20. Jahrhunderts sind es für meine Zwecke Hermann Jellinghaus mit „Die westfälischen Ortsnamen nach ihren Grundwörtern" von 1930 oder Ernst Förstemanns „Altdeutsches Namenbuch" von 1900, auf die sich die Forschung berief.

Wie bereits an anderer Stelle erwähnt, liegen dieser Untersuchung zu den Ortsnamen in Drolshagen die Verweise von Josef Hesse und die Ausführungen von Michael Flöer zugrunde, die abgeglichen wurden mit den ebenfalls benannten Wörterbüchern, die Hinweise auf die Entstehung der Namen geben konnten. Dass dabei auf die älteste mögliche Schicht zurückgegriffen wird, gehört zu den Standards der Ortsnamenforschung.

Dabei steht die etymologische Forschung im Zentrum, bei der von den frühesten Nachweisen ausgehend die Herkunft, Bedeutung und die geografische Verortung sprachwissenschaftlich erforscht wird. Während Herkunft und Erst-Bedeutung Regionen übergreifend aus den verschiedenen Forschungsansätzen abzuleiten möglich ist, führt erst die geografische Verortung zu einer sicheren Deutung des Namens. Siedlungsgeografische Feststellungen wie z.B. die früheste bekannte Stelle, an der gesiedelt wurde, geben Aufschluss über die Bedeutung des Bestimmungswortes, das bei gleichlautenden anderen Orten diesem gegenüber spezifiziert werden kann. Ein Beispiel aus meiner Untersuchung ist der Name des Ortes Benolpe, den Flöer auf das altsächsische *benwella* für die Heilpflanze *Beinwell* und das Grundwort apa = Wasser zurückführt. Meine Deutung ist hingegen, dass es auf das westfälische *bente* für Sumpfgras, das im Rheinischen *bände* für ein Sumpfwiese lautet, zurückgeht. Siedlungsgeografisch von Bedeutung ist, dass der Ort an der Grenze zum heutigen Rheinland, sprachgeschichtlich zum niederfränkischen Bereich, liegt und der Drolshagener Dialekt eine Mischmundart aus niederfränkischen und altsächsischen Elementen[520] ist. Zur Bestätigung verwies ein aus Benolpe stammender Teilnehmer bei einer Präsentation darauf hin, dass der Stammort von Benolpe ein gutes Stück unterhalb des heutigen Ortes am Rande eines wasserreichen und sumpfigen Gebietes gelegen hat, was durch Bodenfunde, die auf Gebäudereste hinwiesen, belegt wurde. Dieses wasserreiche Areal ist heute noch Wassergewinnungsgebiet für die Ortschaft.

Daraus ist abzuleiten, dass zum einen zwar Vergleiche gleichlautender

Orte Rückschlüsse ermöglichen, aber bei Gleichsetzung zu kurzschlüssigen und falschen Ergebnissen führen können. Zum anderen ist das, was Adolf Bach zu Personen- und Familiennamen aussagte, richtig und wichtig. Wer, so Bach, diese „verstehen und sprachlich deuten will, hat, um sicher zu fahren, von der Mundart der Sprachlandschaft auszugehen. Ohne sichere Kenntnis der landschaftliche Gestaltung der dt. Sprache in Vergangenheit und Gegenwart, ohne Vertrautheit mit dem Laut- und Formenbestand , mit dem Wortschatz, seiner Bedeutung und Geografie ... kann deutsche Namenskunde nicht betrieben werden. Denn ohne die Beherrschung der genannten Gebiete wird der Namensforscher im Sprachlichen stets bedenklichen Irrtümern ausgesetzt bleiben und nicht Wissenschaft betreiben, sondern nur auf Abenteuer auszugehen, bei denen er auf Schritt und Tritt stolpern und scheitern muss"[521]. Andere Ansätze, z.B. von den aktuellen Ortsnamen auszugehen und sie von der letztgültigen Schreibform auf frühere Formen zurückzuführen, enthält die Schwierigkeit, die heutige als maßgebend für die Benennung anzunehmen und damit in die falsche Richtung zu gehen.

Zusammenfassend ist zu sagen, dass ich bei der Untersuchung im gleichen Verständnis vorgegangen bin wie Manfred Niemeyer, der für seine Darlegung festhält: „Im Gegensatz zum Vorgehen bei der Erforschung (von der Gegenwart zurück in die Vergangenheit bis zur Entstehung des Ortsnamens) folgt die etymologische Beschreibung dem chronologischen Prinzip seit der Bildung des Ortsnamens, flankiert von einer geografischen Verortung, siedlungsgeografischen und historischen, kommunalrechtlichen u.a. Ausführungen. Dem folgen in der Regel die für die Etymologie wesentlichen Teile der Belegkette mit sich anschließenden Erklärungen von Bildungsmotiv, Entwicklung des Ortsnamens einschließlich möglicher Wandlungen (incl. Volksetymologien) in Inhalt und Form"[522]. Damit ist aber der Forschung noch nicht Genüge getan. Bei meiner Darstellung handelt es sich um das

Bestreben nach einer Vollständigkeit, die für regionale Untersuchungen möglich ist. Aus diesen Materialien können wiederum Veröffentlichungen zu größeren Räumen, die häufig – wie auch das Deutsche Ortsnamenbuch – nur eine bestimmte Auswahl nach Größe der Orte, Zeitspanne der Erstmeldungen, Kategorie der Grundworte (wie beim Kleinen Atlas der Siedlungsnamen Deutschlands des Leibniz-Instituts für Länderkunde e.V.) vorlegen, erstellt werden.

Das Vorgehen, nach Grundwörtern und Bestimmungswörtern zu unterscheiden habe ich bereits angeführt. Die Grundwörter sind Gattungsnamen, also eine Bezeichnung für eine Gattung gleichartiger Erscheinungen wie „-hausen" oder „-ingen" und beschreiben eine Kategorie der Ortsnamen. Gleiche Grundwörter verweisen auf gleiche Eigenschaften, häufig auch gleiche Entstehungszeit. Die verschiedenen Grundwörter verkörpern „also einen unterscheidenden und charakterisierenden, keinen benennenden sprachlichen Ausdruck"[523]. Mit der Hinzufügung des Bestimmungswortes wird aus dem Gattungsnamen ein Eigenname für ein Kollektiv (Ort, wo die Leute des... wohnen) oder ein geografisches Objekt (= Toponym) wie eine Örtlichkeit oder ein Gewässer. „Eigennamen identifizieren und orientieren, liefern aber selbst keine begriffliche Information, sondern eine Referenz"[524], sind also nur der sprachliche Ausdruck für den Gegenstand, den Vorgang, die Siedlung. Kurz: der Eigenname ist noch nicht die Sache selbst.

Eigennamen sind auch Personennamen (= Anthroponyme), „die sich ihrerseits weiter u.a. in Ruf- oder Vornamen, Beinamen, Geschlechts- und Familiennamen bzw. Zunamen untergliedern lassen. Auch Einwohner-, Stammes- und Völkernamen werden den Anthroponymen zugeordnet"[525].

„Die geografischen Namen (Toponyme) bilden einen zweiten großen Teil der Eigennamen, wobei oft Personen- oder geografische Namen zur Bildung der jeweils anderen Gruppe verwendet werden, sodass nicht selten Personennamen z.B. Ortsnamen bzw. Bestandteil von Ortsnamen werden wie auch umgekehrt Ortsnamen wiederum Bestandteil von Personennamen werden können" [526].

„Betrachtet man die Toponyme insgesamt, so werden damit verschiedene Klassen von Objekten bezeichnet: besiedelte oder nicht besiedelte Objekte, Gewässer oder (Fest-)Land sowie Teile hiervon, Verkehrseinrichtungen. Dementsprechend ergeben sich als zumeist verwendete Namenkategorien:

- Ortsnamen im engeren Sinn (Namen menschlicher Siedlungen, auch Oikonyme),
- Flurnamen im weiteren Sinn (Fluren, Länder, Straßen usw.) sowie
- Gewässernamen (Hydronyme).

Die Ortsnamen in diesem zumeist verwendeten Sinne erfassen also Siedlungen wie z.B. selbstständige Städte und Dörfer, aber auch Weiler, Güter, Häuser und Häusergruppen, Gehöfte einschließlich der Namen für abgegangene Siedlungen (Wüstungsnamen). Allerdings sind auch hier die Grenzen oft fließend, denn zahlreiche Ortsnamen fußen auf Flurnamen, während ein Ortsname über den Weg des Wüstungsnamens zum Flurnamen werden kann. Damit ist also auch ein Wechsel des Geltungsbereichs des jeweiligen Namens verbunden"[527], wie im Falle der Siedlungen Steupingen oder Herrnscheid.

Im Weiteren folge ich der Darstellung von Manfred Niemeyer. „Ortsnamen sind selten durch einmalige, rückblickend bestimmbare Schöpfungsakte entstanden, sondern in der Regel durch den fortgesetzten, wiederholten Gebrauch einer Örtlichkeitsbezeichnung"[528]. Dies ist zum einen ein Zeichen, dass der Name konsistent zu der Siedlung in Lage, Aussehen oder Gründer ist, zum anderen, dass mit der Nennung eine Identifizierung vollzogen werden kann. Dies kann zum einen ein Beitrag zur Identität der dort Wohnenden sein, zum anderen zur Identifizierung des Ortes und der dort lebenden Menschen von dritter Seite. Es zeigt sich, dass Ortsbezeichnungen, wie sie im Rahmen der Kommunalen Neugliederung in NRW „erfunden" wurden wie Lennestadt, Hüttental, Reichshof oder Wenden-Biggetal zwar organisatorischen Zweckmäßigkeiten dienten, aber nicht im Bewusstsein der dort Lebenden verankert waren.

„Strukturell lassen sich die Ortsnamen in folgende drei Haupttypen gliedern:

- einfache Namen (Simplizia),
- zusammengesetzte/zusammengerückte Namen (Komposita) und
- abgeleitete Namen (Derivate)"[529]

Die einfachen Namen, zu denen im beschriebenen Bereich u.a. Brink, Bruch, Beul, Scheda oder Hustert gehören, finden sich im gesamten deutschen Sprachraum. Ihre Herkunft ist vielfältig, die für den von mir untersuchten Raum relevanten habe ich an entsprechender Stelle angeführt.

Die zusammengesetzten und zusammengerückten Namen treten in verschiedenen Formen auf. Zu den zusammengerückten Namen gehören für den Drolshagener Raum u.a. Eltge (aus Erlenbiche) oder Husten (aus Hustede) gebildet. Sie wirken wie ein Simplex, ein einfacher Name, sind aber aus Grundwort (= Gattungsbegriff) und Bestimmungswort bereits früh zusammengerückt, sodass erst im Rückgriff auf die ältesten Formen die Bedeutung erkannt werden kann. Nehmen wir nur einmal an, wir würden von der heutigen Bedeutung von Husten und Halbhusten ausgehen, welch kuriose Lösung böte sich da an.

Dagegen bestehen die Zusammensetzungen generell aus zwei Elementen, einem ortsbezeichnenden Grundwort und einem meist vorangestellten Bestimmungswort, das auch im Drolshagener Raum vielfältige Formen annehmen kann. Auf grammatikalische Feinheiten kann ich in diesem Zusammenhang nicht eingehen und verweise dazu auf die Ausführungen im Deutschen Ortsnamenbuch.

Die abgeleiteten Namen (als Determinitiva bezeichnet, was meint, dass ein Wort ein Substantiv begleitet, um zu bestimmen, worauf sich dieses Substantiv bezieht) gehören im deutschen Sprachraum zu den häufigsten Ortsnamen und weisen meist ein Substantiv auf, das zum Bestimmungswort wird. Es kann eine Eigenschaftsbezeichnung (= Appellativ) sein wie bei Sendschotten, das sich aus den Substantiven Zins und Kotten zusammensetzt. Noch häufiger sind es Personen- oder Stammesnamen wie bei Severins-hausen (=Siebringhausen) oder Franken-hausen (=Frenkhausen). Auch Zusammensetzungen mit Adjektiven als Bestimmungswort wie bei der ältesten Version von Gelslingen als Gelsloe, also der gelbe Wald auf der Anhöhe, oder die Breite Hardt, kommen vor oder Zusammensetzungen, bei denen das Bestimmungswort im Dativ steht wie bei Grünenthal, wo das Bestimmungswort durch „im" als solcher erkennbar wird: „im grünen Tal"

Die abgeleiteten Ortsnamen stellen eine dritte Gruppe dar. Dabei ist das Grundwort (Basiskonstituente) oft ein ursprünglich selbstständiges Wort oder eine Endung. „Ein typisches Beispiel hierfür sind Bildungen mit ahd. -aha ('fließendes Wasser')[530], das sowohl als selbstständige Bezeichnung für Gewässer (Ache) als auch als Grundwort in Flussnamen … oder Ortsnamen dienen konnte. Recht oft finden sich auch Ableitungen mit -ing(en) … , ursprünglich zumeist ein Ausdruck von bestimmter Zugehörigkeit"[531]. Letztes ist im Text bereits erklärt, ich verweise nur auf die Wurzel „heiminga" und „heimingi", aus denen sich sowohl Heimat als auch die zur Endung gewordenen Bezeichnung „-ingen" entwickelte.

Weitere Elemente sind Adjektive wie „alt" (Aldenfelde, Altenhofen) oder „neu" (Neuhaus), Farbadjektive (Gelslingen), Bezeichnungen von Tieren (Gipperich, Hützemert), Stammesnamen (Frenkhausen), geografische Gegebenheiten wie Gewässer (Brachtpe, Heimicke, Benolpe) oder Erhebungen (Kalberschnacke, Herrnscheid, Alperscheid).

Einige der Ortsnamen haben eine lange Geschichte und weisen umgekehrt auf die Geschichte hin. Manche Bezeichnungen gehen auf die indogermanische-voreinzelsprachliche Zeit zurück, was einen Zeitraum bis zum 2. Jahrtausend vor Christus umfasst. Voreinzelsprachlich meint, dass sich diese Bezeichnungen keiner einzelnen Sprache zuordnen lassen, da sich diese erst später ausdifferenzierten. Bis zur Mitte des 1. Jahrtausends vor unserer Zeit entstanden in der Ausgliederung das Keltische, das Germanische und - für unsere Region unwichtig - das Slawische und das Baltische.

Die ältesten Bezeichnungen betrafen die Namensgebungen für die Gewässer, Flüsse, Bäche, die Zeugnis für eine vergangene Sprache abgeben, die dann aber schon in den Einzelsprachen erfolgten. Einige von diesen sind vor allem über die Mundarten bis heute überliefert, wie ich am Beispiel „der Bieke" oder dem (möglichen) Bestimmungswort des indogermanischen *dheu* (bei Dumicke), das sich im Platt noch mit *däuen / deuen* als schieben wiederfindet.

Verbindliche Aussagen sind jedoch nur über die schriftlichen Dokumente zu finden. Je näher sie bei der Zeit stehen, die sie beschreiben, um so authentischer sind sie und umso korrekter ist eine ursprüngliche Bezeichnung zu erkennen. In Übernahmen oder später erfolgten Abschriften werden sie meist dem jeweils aktuellen Sprachgebrauch mehr oder minder angepasst. Trotz aller Unsicherheiten lassen sich jedoch auch Bezeichnungen aus vorschriftlicher Zeit im Rahmen der vergleichenden Sprachwissenschaften relativ sicher bestimmen (u.a.

mit Erkenntnissen über bestimmte, regelhafte Lautentwicklungen u.a.m.). Die älteste einzelsprachliche Gruppe waren im 2. - 5. Jahrhundert die Kelten, die im benachbarten Siegerland siedelten und dort auch Gewässer (die Werthe) oder Orte benannten (Netphen), ihnen ihre Namen gaben. Für die nördlich des Kölschen Hecks liegenden Orte ist nicht von keltischen Bezeichnungen auszugehen. Eine Differenzierung für den westlichen und südlichen Teil des Kreises Olpe ist aber von der sprachlichen Prägung durch die Franken und der Überformung durch sächsische Siedler auszugehen.

Unbestritten liegen uns mit den Ortsnamen auch geschichtliche Ereignisse und Entwicklungen vor. Sie sind wie Fossilien, die man in die Hand nehmen, bestaunen oder verwundert beiseitelegen kann. Oder kann sie als Sprachfossilien nutzen, um den Strahl aus der Vergangenheit zu erkennen, um Geschichte und Gegenwart zu verstehen. Und um Identifizierungen und Identität zu entwickeln. Dazu soll auch diese Abhandlung über die Drolshagener Ortsnamen beitragen.

Ortsnamen und Identität

In der Einleitung zu meinem Buch „Die Ortsnamen in Drolshagen" habe ich von einer Erfahrung als junger Mann geschrieben, dass ich in meinem Nachbarort Hünsborn sehr wohlwollend und freundschaftlich aufgenommen wurde. Und dass ich nach meinem Herkunftsort „*Höëwingen*" (die plattdeutsche Bezeichnung für Altenhof) benannt wurde, als der *Höëwinger Jung*. Es war eine Zuschreibung, die wie alle Zuschreibungen, ohne mein Zutun oder Einverständnis erfolgte. Ich war mit dieser Zuschreibung einverstanden, zumal sie wirklich wohlwollend und zugewandt ausgesprochen und gebraucht wurde.

Es war eine andere Erfahrung als die, die ich in der Zeit der Kommunionvorbereitung Ende der Fünfzigerjahre gesammelt hatte, wo wir Kinder aus Altenhof zum Unterricht in den Kirchort Wenden gehen mussten. Dazu war es notwendig, das lange Straßendorf einmal zu durchqueren, um in der damaligen Schule von dem Vikar der Pfarrei auf die Erstkommunion vorbereitet zu werden. Mit uns waren auch andere Kinder aus den Nachbardörfern Brün, Elben, Schönau und Altenwenden, die zur Pfarrgemeinde gehörten, anwesend. War der Kommunionunterricht zu Ende, liefen wir, so schnell uns unsere Kinderbeine tragen konnten, zurück bis an den Dorfrand. Warum das alles? Die Wendener Kinder, vor allem Jungen, die gerade ein oder zwei Jahre älter waren als wir, hatten uns mit Prügel gedroht, nur weil wir aus dem anderen Ort kamen. Hier war es eine kollektive Zuschreibung, die nur mit dem anderen Ort, einer anderen Herkunft, aber nichts mit irgendwelchen Taten oder Worten zu tun hatte, die zur Hatz auf uns führte. Und umgekehrt nutzten wir Zuschreibungen zu den Wendener Kindern auch mit nicht gerade feinen Worten in einem Auszählreim: „Wengener Böcke schitten in de Röcke, schitten wear rütt, un dou bisch ütt" (Hochdeutsch: Wendener Böcke scheißen in die Jacken, scheißen wieder raus und du bist aus). Es war eine Genugtuung, mit einem sicheren Vorsprung auf dem Weg nach Hause ihnen das nachzurufen, die Angst abzuwerfen und es dann gut sein zu lassen[532].

Ein dritter Vorfall: einer meiner Großonkel gehörte als junger Mann zu einer Gruppe Männer, die einem Gleichaltrigen, der ein Mädchen aus Altenhof freite, Anfang des 20. Jahrhunderts am Dorfrand auflauerten und ihn so verprügelten, dass er an den Verletzungen starb. Der einzige Grund: der junge Mann kam aus einem anderen Ort, aus Ottfingen.

In diesen Fällen haben wir Zuschreibungen, eindimensionale Definiti onen nach dem Ortsnamen, dem Herkunftsort, auf die der Beschriebene keinen Einfluss hat und die mit einer einzigen Benennung einen Menschen kategorisieren. Diese Kategorie hat einen überstrahlenden Einfluss auf andere Merkmale (Halo-Effekt), die dann keine weitere Rolle spielen. Ob es nun die eher noch spielerische Androhung von oder die vollzogene Prügel mit Todesfolge war, die Herkunft und der Ortsname, der zum Persönlichkeitsmerkmal wurde, bestimmten die Kategorie der Einschätzung und Wertung.

Dabei steht hier zunächst einmal ein ganz normaler und wiederkehrender Mechanismus menschlichen Handelns im Vordergrund. Was Menschen sehen und über das sie sprechen wollen, werden benannt. Bezeichnungen und Namen sind allgegenwärtig und notwendig zur Differenzierung und Identifizierung. Menschen aus einem Ort werden nach diesem zunächst neutral benannt, um sie von anderen, auch den eigenen Leuten zu unterscheiden. Dem ist vor langen Zeiten die Benennung ihres Ortes vorausgegangen, die aber nur in den seltensten Fällen wirklich präsent ist[533]. Noch vor dem Eigennamen des Anderen oder einer charakterlichen Beschreibung steht zur eigenen Orientierung und Differenzierung die Kategorisierung. Dies werde ich Identifizierung von außen nennen, eine Grundfunktion des alltäglichen Lebens.

Schauen wir jetzt auf die andere Seite, auf die Jungen in Wenden, die uns verprügeln wollten oder uns selbst, die wir uns von ihnen abgrenzten, auf die Gruppe um meinen Großonkel, dann ist auch erkennbar, dass genau dieses eine undifferenzierte Kriterium uns und jene als Kollektiv beschrieb, ebenfalls reduziert auf eine einzige Kategorie: die Zugehörigkeit zu einem Ort, ausgedrückt in dem Namen des Wohn- oder Herkunftsortes. Auch das ist eine Identifizierung, eine von innen, bei der wir und sie die Zugehörigkeit zum Ort als – zumindest aktuell – als dominant betrachteten. Es ging um Binnenbindung gegen die anderen aus den anderen Orten[534].

Anders habe ich die Zuschreibung als Höëwinger Jung verstanden. Hier wurde die eine Kategorie meinen anderen hinzugefügt im Wissen darum, dass ich dort meine Freunde und eine Freundin hatte. Ich hatte also die Möglichkeit, meine Herkunft als ein Kriterium für meine Persönlichkeit anzunehmen oder als belanglos beiseite zu lassen, ablehnen konnte ich sie allerdings auch nicht. Die Annahme ermöglichte es, meinen Herkunftsort als Teil meines Persönlichkeitsbildes anzunehmen, zumal diese nicht Anderes überstrahlte, sondern eine Kategorie unter anderen war.

Der Vorgang der Kategorisierung einer Person oder einer Gruppe über die Herkunft ist also zunächst ein möglicher, vielleicht auch notwendiger Vorgang zur eigenen Orientierung. Die Zuschreibung besteht aus einem Abgleich der eigenen Abkunft und der des Anderen, wobei typischerweise die eigene als die höherwertige, im Extremfall auch als die einzig richtige, verstanden wird. In dieser Polarisierung der erfahrenen Zuschreibung finden sich die Kräfte einer Gruppe, eines Kollektivs, die umgekehrt die eigene Zugehörigkeit in Abgrenzung aufbauen und sie ebenfalls verabsolutieren. Oder anders: die Identifizierung einer Person z.B. nach seiner Herkunft führt zu einer Zuschreibung, die bezogen auf den Ort und seinen Namen auch richtig sein mag, wobei die Herkunft als Zugehörigkeit des Anderen gleichzeitig alle anderen Merkmale der Einzelperson oder seiner Gruppe überstrahlt und damit unsichtbar macht. Jemanden nach seinem Herkunftsort zu kategorisieren, ist also ein normaler Vorgang, ihn auf Dauer darauf zu reduzieren ein Zeichen persönlicher Unreife oder Bösartigkeit.

Historisch gesehen war es notwendig – und damit sind wir wieder bei den Ortsnamen – einen Ort zu benennen, um eine eigene Orientierung, die ich Identifizierung nach innen genannt habe, zu erfahren.

Gleichzeitig diente die Benennung auch der Orientierung für Außenstehende, die mit dem Namen auch einen besiedelte Stelle erkennen, wiedererkennen und finden konnten. Diese Benennung hatte auch den Vorteil der Binnenkohäsion, dem Zusammenhalt und der Abgrenzung gegenüber Anderen. Die anfangs noch nachvollziehbare Benennung nach einem Gewässer, einer Flur oder einer Gründerperson, verdünnt und verschleift sich im Laufe der Zeit, sodass nur ein Name übrig bleibt, der aber nicht mehr von allen verstanden wird. Dennoch bleiben die Grundfunktionen der Identifizierung des Ortes über den Namen. Wie die Eintragungen in den Schatzungsregistern zeigen, waren diese aus Ermangelung der Familiennamen bestimmt durch einen Hinweis auf den aktuellen Wohnort oder den Ort, aus dem dieser Mann und seine Familie stammen. Damit konnten die Einzelpersonen auch identifiziert, erkannt und benannt werden.

Dem steht die Kategorie der Identität gegenüber. „Identität als Persönlichkeitsstruktur wird bestimmt am Schnittpunkt persönlicher und sozialer Identität. Persönliche Identität bezeichnet die je unverwechselbare Lebensgeschichte eines Individuums mit der je einzigartigen Kombination dieses Werdens. *„Ich bin ich, so wie ich geworden bin".* Bestimmendes Element ist die Dimension der Zeit, in der dieses Werden vollzogen wurde. Zu sein wie kein anderer, als realistisches Selbstgefühl zu empfinden, heißt *Selbstkompetenz* zu besitzen. *Soziale Identität* verweist auf die gesellschaftliche Achse des Koordinatensystems und bezeichnet die Erwartungen anderer an das Individuum, die in einem Interaktionsprozess zutage treten, und die Zugehörigkeit des einzelnen zu einer sozialen Gruppe: *„Ich bin so, wie ich mit anderen lebe".* Bestimmende Dimension ist die des Raumes. Sein wie alle anderen um sich herum, mit anderen leben können und auf sie verwiesen sein, bedeutet *Sozialkompetenz...* Zur *Handlungskompetenz* gehört auch die *Sachkompetenz,* kognitive Kompetenz also, die identitätsbildend wirkt durch das stärkende Empfinden: *„Ich bin ich, durch* *das was ich kann*"[535]. Diese drei Kompetenzen gehören zusammen, für unseren Zusammenhang ist der Ausgangspunkt die Sozialkompetenz, also die Zusammengehörigkeit des einzelnen zu einer sozialen Gruppe, wichtiger. In meiner oben angeführten Definition gehe ich von einer grundsätzlichen Position aus, die ideal wirkt, aber praxeologisch in der Bildungsarbeit entwickelt und evaluiert wurde.

Soziale Kompetenz mit der Dimension des Raumes bezieht sich auf den Ort als geografische Größe[536]. Orte können zur Identität einer Person beitragen, wenn sich diese als das realistische Selbstgefühl, mit sich selbst in Raum und Zeit identisch zu sein ausdrückt[537]. Geschieht dies nicht, kann es zu einer symbiotischen Beziehung zu einem sozialen Gebilde kommen, das den Namen eines Ortes trägt[538]. Der soziale Raum bietet aber auch Chancen, sich in Grenzen wiederzufinden und Grenzen zu überschreiten. „Dagegen ist Mut zur eigenen Vielfalt zu haben, ein Zeichen der Ganzheit bei Individuen und in Kulturen. Aber auch eine Ganzheit muss bestimmte Grenzen haben"[539].

Zu dieser sozialen Identität gesellt sich gerade auf Orte bezogen eine *emotionale Identität*. Auch hier können wir wieder von einer freien und gesunden Identität und einer Fehlform der symbiotischen Beziehung sprechen. Nehmen wir wieder ein Beispiel: für unsere Region ist es typisch, dass sich Vereine und Vereinigungen wie Musikvereine oder Sportvereine auf einen Ort beziehen und danach benennen. Die Zeiten, in denen jedoch nur Angehörige der Ortsgemeinschaft Zutritt und Mitwirkungsrechte haben, sind vorbei. Ich erinnere mich noch gut, als der Fußballverein meines Herkunftsortes Altenhof einen Torwart Moll, der aus Meiswinkel stammte, in die ansonsten ausschließlich aus Altenhofer bestehenden Mannschaft aufnahm. Oder dass der Musikverein ausschließlich aus Bewohner des Dorfes bestand, wie anderswo die Mitglieder der Gesangvereine oder Chöre.

Hier spielte sich ein doppelter Prozess ab. Zum einen gehörten Vereine in das Gemeinschaftsleben im Dorf oder der Stadt, waren auch Teil der Identitätsbildung, zum anderen boten sie Identifizierungsmöglichkeiten, auch wenn man selbst weder im Chor mitsang noch in der ersten Fußballmannschaft um den Spitzenplatz in der Landesliga kämpfte. Hier ist eher von der emotionalen Identität zu sprechen, die mit der Nennung des Ortsnamens zu der jeweiligen Aktivität ihren Ausdruck findet. Eine solche emotionale Identität habe ich in den am 24. August 1978 in Arosa stattfindenden Spiel ohne Grenzen in Arosa / Schweiz erlebt, bei der „Drolshagen" für „Deutschland" antrat. Selbstverständlich waren es die Athletinnen und Athleten aus den Vereinen in der Stadt, die in der Arena um Sieg und Platz kämpften. Wir „Schlachtenbummler" aus Drolshagen waren mit zwei großen Bussen angereist und „jeder" Drolshagener saß an diesem Samstagnachmittag vor dem Fernseher, fiebernd um den Sieg. Bei dem am selben Wochenende stattfindenden Erntefest wurde die Mannschaft mit einem großen Empfang in der Stadt und begeisternden Reden – obwohl verloren - empfangen. Der damalige Bürgermeister Theile-Ochel verstieg sich sogar in eine typische Zuschreibung, indem er von „dem Bürgermeister von England und ich" sprach. Die negative Seite dieses Phänomens sind die Krawalle der Hooligans einer bestimmten, auch mit einem Ortsnamen versehenen Fußballvereine, die auch rechtsextremen politischen Charakter tragen können.

Zusammenfassend lässt sich sagen: Ortsnamen tragen zur Identifizierung bei, damit Außenstehende ihn finden und wiederfinden können. Sie tragen als Referenz (der Name ist nicht das Ding selbst) zu dieser Orientierung und Differenzierung bei. Sie dienen auch zur Identifizierung im Sinne einer sozialen Identität und enthalten auch eine gehörige Portion emotionaler Identität bei. Andererseits enthalten Ortsnamen auch die Versuchung und Gefahr, dass eine symbiotische

Beziehung zu einem Begriff, nicht zu einem Ding wie der Ort selbst, aufgebaut werden kann.

Erschreckend ist aktuell, als ich diese Zeilen geschrieben habe, wie gerade rechtspopulistische und rechtsextreme Kreise die symbiotische Version für ihre Zwecke nutzen, die mit der Sache selbst nichts mehr zu tun haben.

Literatur- und Quellenverzeichnis

Die nachfolgend aufgeführten Literaturangaben stammen zum Teil aus der Sekundärliteratur, die ich soweit zugänglich in den Originaltexten überprüft habe. Dies geschah anhand digital verfügbarer Dokumente aus dem Landesarchiv NRW Abteilung Westfalen (z.B. aus dem Bestand zum Kloster Drolshagen; Signatur Nr. 689) und eigener Literatur wie den Heimatstimmen für den Kreis Olpe. Die Überprüfungen ergaben eine eindeutige Zuverlässigkeit der aus der Sekundärliteratur übernommenen Daten und Fakten.

Bach, Adolf,	Deutsche Namenskunde Bd. 1. Berlin 1953
Becker, Günther	Das spätmittelalterliche Wüstungsgeschehen im Südsauerland; in: Geographische Kommission für Westfalen, Münster 1977
Benecke, Müller, u.a.	Mittelhochdeutsches Wörterbuch, digitalisierte Fassung im Wörterbuchnetz des Trier Center for Digital Humanities
Bieker, Michael	Aus Liebe zur Heimat. Geschichte der Bauerschaft, Schul- und Kapellengemeinde Bleche. 2 Teile. Lüdespert 1992 - 1994
Börsch, Josef (Hrsg.)	Des Priesters Johannes J.W. Finck Chronika Drolshagensis - Chronik von Drolshagen. Drolshagen 1902
Dräger, Kathrin	Dietrich, in: Digitales Familiennamenwörterbuch Deutschlands, a.a.O. www.namenforschung.net/dfd/woerterbuch
Erhard, Heinrich August	Westfälisches Urkundenbuch. Bd. I-II: Regesta Historiae Westfaliae accedit Codex diplomaticus. Münster 1847-1851
Flöer, Michael	Die Ortsnamen des Kreises Olpe in der Reihe Westfälisches Ortsnamenbuch Bd. 8. Bielefeld 2014

Flöer, Michael   Die Ortsnamen des Kreises Soest
                        in der Reihe Westfälisches Ortsnamenbuch
                        Band 1. Bielefeld 2009
Flöer, Michael   Die Ortsnamen des Hochsauerlandkreises
                        in der Reihe Westfälisches Ortsnamenbuch
                        Band 6. Bielefeld 2013
Förstemann, Ernst Wilhelm Altdeutsches Namenbuch; Kaufmann,
                        Henning; Jellinghaus, Hermann Friedrich,
                        1847- ed; 1822-1906
Gensicke, Hellmuth   Urkundenregesten aus dem Hauptstaats-
                        archiv Wiesbaden im Zusammenhang mit
                        den Herren von Haiger. In: Heimatstim-
                        men aus dem Kreise Olpe 112 (1978), S.
                        148-149
Gerig, Dr.   Kirchliche Zustände im Jahre 1628 im Ge-
                        biet des heutigen Kreises Olpe. In: Heimat-
                        stimmen aus dem Kreise Olpe 8 (1951), S.
                        485-499 [ND 1985] Olpe 1951
Grimm, Jacob und Wilhelm Deutsches Wörterbuch von Jacob
                        Grimm und Wilhelm Grimm, digitalisierte
                        Fassung im Wörterbuchnetz des Trier Cen-
                        ter for Digital Humanities, Version 01/23.
                        https://woerterbuchnetz.de
Hesse, Josef   Drolshagen. Bilder einer Stadt. Drolshagen
                        1977
Hesse, Josef   Die Wüstung „Steupingen" bei Drolshagen.
                        In: Heimatstimmen aus dem Kreise Olpe 35
                        (1959), S. 53-55
Hesse, Josef   Geschichte des Kirchspiels und Klosters
                        Drolshagen. Drolshagen / Olpe 1971
Hesse, Josef   Urkunden des Pfarrarchivs Drolshagen.
                        3 Teile. In: Heimatstimmen aus dem Kreise
                        Olpe 18 (1955), S. 1044-1046, 19 (1955), S.
                        1086-1090 e Olpe 18 (1955), S. 1044-1046,
                        19 (1955), S. 1086-1090, 20 (1955), S. 1134 -
                        1137 [ND 1985]

Hömberg, Albert K.	Das Amt Schönholthausen. In: Heimatstimmen aus dem Kreise Olpe 6 (1950), S. 382-38 [ND 1985]
Hömberg, Albert K.	Die Akten der Deutschordenskommende Waldenburg. In: Heimatstimmen aus dem Kreise Olpe 9 (1952), S. 597-605 [ND 1985] Olpe 1952
Hömberg, Albert K.	Die Urkunden der Herren von Osterendorp. In: Heimatstimmen aus dem Kreise Olpe 5 (1950), S. 314-320 [ND 1985] Olpe 1950
Hömberg, Albert K.	Urkunden aus dem Familienarchiv v. Plettenberg-Lenhausen. In: Heimatstimmen aus dem Kreise Olpe 17 (1955), S. 982-995 [ND 1985]
Jellinghaus, Hermann	„Die westfälischen Ortsnamen nach ihren Grundwörtern". Kiel und Leipzig 1896
Klemann, Carl	Ortschafts-Verzeichniß nebst Entfernungs-Tabelle des Regierungs-Bezirks Arnsberg. Arnsberg, 1898
Kommission für Mundart- und Namenforschung Westfalens	
	Westfälisches Wörterbuch, digitalisierte Fassung im Wörterbuchnetz des Trier Center for Digital Humanities Version 01/23, Trier / Münster 2023 https://woerterbuchnetz.de
Kommission für Mundart- und Namenforschung Westfalens	
	kram. https://www.mundart-kommission.lwl.org/de/suche/?q=kram
Kompetenzzentrum – Trier Center for Digital Humanities	
	Rheinisches Wörterbuch. digitalisierte Fassung im Wörterbuchnetz des Trier Center for Digital Humanities, Version 01/23, Trier 2023
Köster, Carl	Zur Vermögensverwaltung des Stifts Meschede im Mittelalter. In: Zeitschrift für

	vaterländische Geschichte und Altertums- kunde 67/I (1909), S. 49-167
Kroiß, Daniel	Behr. in: Digitales Familiennamenwörter- buch Deutschlands, http://www.namenfor- schung.net/id/name/634/1
Lexer, Matthias	Mittelhochdeutsches Handwörterbuch von Matthias Lexer. digitalisierte Fassung im Wörterbuchnetz des Trier Center for Digi- tal Humanities, Version 01/23; https://wo- erterbuchnetz.de
Lucas, Otto	Das Olper Land. Münster 1941
Mittler, Mauritius	Siegburger Mirakelbuch. Bericht über die Translation des Heiligen Erzbischofs Anno und Annonische Mirakelberichte. Siegburg 1966-1968
Niemeyer, Manfred	Deutsches Ortsnamenbuch. Berlin, Boston: De Gruyter, 2012,
Oberschelp, Reinhard (Hrsg.)	Die Schatzungsregister des 16. Jahrhunderts für das Herzogtum Westfalen. Teil 1: Die Register von 1536 und 1565 Ver- öffentlichungen der Historischen Kommiss- sion für Westfalen XXX, 2). Münster 1971 - 2000
Pfeifer, Wolfgang	Etymologisches Wörterbuch des Deutschen (1993). digitalisierte und von Wolfgang Pfeifer überarbeitete Version im Digitalen Wörterbuch der deutschen Spra- che https://www.dwds.de/d/wb-etymwb
Pilkmann-Pohl, Reinhard / Beckmann, Werner	Sauerländer Platt - ein Wörterbuch. Schmallenberg 2019
Präsentationsregister Herford	Präsentationsregister des Stifts Hervord aus dem Ende des 14. Jh., o. Hg. In: Blätter zur näheren Kunde Westfalens XIII (1875), S. 74-75

Richtering, Helmut	Das Archiv des ehemaligen Klosters Drolshagen. Urkunden und Akten. Hg. im Auftrage der „Heimatstimmen aus dem Kreise Olpe" Olpe 1969
Sächsische Akademie der Wissenschaften zu Leipzig	
	Althochdeutsches Wörterbuch digitalisierte Fassung bereitgestellt durch die Sächsische Akademie der Wissenschaften zu Leipzig. <https://awb.saw-leipzig.de/
Scheele, Annelene	Husten. Geschichte eines Dorfes im Drolshagener Land. (Schriftenreihe des Heimatvereins für das Drolshagener Land 2) Drolshagen 1994
Scheele, Norbert	Auswärtige Besitzungen des ehem. Klosters Drolshagen und ihre Pächter um 1790 S. 387-388; In: Heimatstimmen aus dem Kreise Olpe 6 (1950)
Scheele, Norbert	Der heutige Kreis Olpe im Jahre 1596. In: Heimatstimmen aus dem Kreise Olpe 4 (1949), S. 238-251 [ND 1985]
Scheele, Norbert	Eine Pferderolle aus dem Amte Drolshagen von 1706. 2 Teile. In: Heimatstimmen aus dem Kreise Olpe 16 (1954), S. 930-933 und 21 (1955), S. 1172-1175 [ND 1985]
Scheele, Norbert	Jagddienste in den Gerichten Olpe, Drolshagen und Wenden im 17. Jahrhundert. S. 427-429 [ND 1985] In: Heimatstimmen aus dem Kreise Olpe 7 (1951)
Scheele, Norbert	Regesten des ehemaligen Klosters Ewig. Hg. im Auftrag der „Heimatstimmen aus dem Kreise Olpe" Olpe 1963
Scheele, Norbert	Urkundenregesten betr. Drolshagen. Heimatstimmen aus dem Kreise Olpe 89 (1972), S. 212-215

Schiller, Christiane   Dude, in: Digitales Familiennamenwörterbuch Deutschlands   https://www.na-
menforschung.net/dfd

Schrage, Hans-Rainer   Wendener plattdeutsches Wörterbuch.
Schmallenberg 2024

Seebold, Elmar   Chronologisches Wörterbuch des deutschen Wortschatzes Altsächsisches Wörter-
buch; De Gruyter (Verlag) 2001

Seibertz, Johann Suibert   Urkundenbuch zur Landes- und
Rechtsgeschichte des Herzogthums Westfa-
len I-III. (Landes- und Rechtsgeschichte des
Herzogthums Westfalen von Johann Suibert Seibertz II-IV).

St. Clemens Kirchengemeinde Drolshagen
Matriken der St. Clemens Kirchengemeinde. Drolshagen (1647 - 1970)
https://data.matricula-on-
line.eu/de/deutschland/paderborn

Stehkämper, Hugo   Eine Deutzer Zinspflichtigenrolle des 13.
Jahrhunderts. In: Mitteilungen aus dem
Stadtarchiv von Köln; Köln 1962

Vitt, Peter   950Jahre Kirche und Ort Drolshagen –
Geschichtsepisoden. Drolshagen o.J.

Vitt, Peter   Drolshagener Geschichten - Die Mühlen im
Drolshagener Land. Heimatverein für das
Drolshagener Land 2024

Philippi, F   Siegener Urkundenbuch. Hg. von F. Philippi. 2 Bde. Bd. 2 bearb. von W. Menn und
B. Messing; Siegen 1887-1927

von Viebahn, Johann Georg   Ortschafts- und EntfernungsTabelle
des Regierungsbezirks Arnsberg. Arnsberg
1841

Walberg, Hartwig   Die Schatzungsregister des 16. Jahrhun-
derts für das Herzogtum Westfalen Teil 2:
Die Register von 1543 und Schatzungen des
Adels. Veröffentlichungen der Historischen

	Kommission für Westfalen XXX, 2). Münster 1971 - 2000
Wigand, Paul (Hrsg.)	Archiv für Geschichte und Landeskunde Westphalens. 7 Bde. Lemgo/Hamm 1825-1838
Wikipedia	Ortsnamen; https://de.wikipedia.org/wiki/Ortsname
Wikipedia	Bracht (Toponym); https://de.wikipedia.org/wiki/Bracht_(Toponym)
Wikipedia	"-inghausen"; https://de.wikipedia.org/wiki/-inghausen
Wintersohl, Herbert	Kleine Dirkinger Dorfchronik. Zur 10. Wiederkehr des Dirkinger Dorffestes. In: Heimatstimmen aus dem Kreis Olpe 130 (1983)
Wolf, Walter	Der Junge vom Dorf - Ein kulturhistorisches Experiment. Norderstedt 2022
Wolf, Walter	HeimatNeuDenken - Ein Plädoyer zur rechten Zeit. Norderstedt 2021
Wolf, Walter	Höëwingen – Eine Ermittlung zur Frühgeschichte des Dorfes. Norderstedt 2021
Wolf, Walter	„Nu klaffe dou" – Sprache und Namen in Drolshagen. Norderstedt 2023
Wolf, Walter	„Wemm bische?" - Wendsche Familien und Beinamen in Altenhof und Girkhausen. Norderstedt 2023

Wolf, Walter / Jonas, Hans-Peter

„Auszubildende und Berufsanfänger" in „Politische Bildung mit Jugendlichen". Bundeszentrale für Politische Bildung Bonn 1993 S. 179 - 181

Anmerkungen

[1] Diese und die weiteren Informationen stammen von Lucas, Otto „Das Olper Land", Münster 1941

[2] Z.B. Wormberg, Husten, Heimicke, Schützenbruch

[3] Dies schließt z.B. aus, dass die Siedlung „Herrnscheid" auf dem Kopf gelegen haben soll oder die in den Sagen beschriebene Siedlung Steupingen auf dem gleichnamigen Hügel als Burg existiert habe. Zu beiden Siedlungen im Verlauf dieser Ausführungen mehr.

[4] Neben der Sprachanalyse, für die u.a. auch das regionale Platt eine Schlüsselrolle spielt.

[5] Weitere Informationen u.a. unter Alperscheid

[6] Vgl. Wikipediaartikel „Ortsnamen"

[7] Flör, Michael; „Die Ortsnamen des Kreises Olpe" in der Reihe Westfälisches Ortsnamenbuch Band 8;

[8] Hesse, Josef „Geschichte des Kirchspiels und Klosters Drolshagen"

[9] Regesten des ehemaligen Klosters Ewig Nr. 153 S. 42, im weiteren als Regesten Ewig bezeichnet

[10] Ein im Oberbergischen liegender Nachbarort von Husten trägt ebenfalls einen Brachtnamen: Hespert. Dies ist mittelfränkisches Sprachgebiet, genauer Ripuarisch.

[11] Richtering, Helmuth; Drolshagen Nr. 66 S. 21

[12] Wikipedia Bracht (Toponym); vgl. dazu in der Nähe Hohe Bracht bei Altenhundem und die Homert vor Lüdenscheid

[13] Flör, Michael a.a.O. -bracht, S.265

[14] Flöer, Michael a.a.O. S. 265

[15] Wikipedia „Bracht" a.a.O.

[16] Für Olpe ist für die Zeit um 800 eine christliche, also fränkische Kirche dokumentiert.

[17] Vgl. dazu: Wolf, W. „Nu klaffe dou" – Sprache und Namen in Drolshagen; Norderstedt 2023

[18] Dazu Jellinghaus, H. „Die westfälischen Ortsnamen nach ihren Grundwörtern" Kiel und Leipzig 1896

[19] „hagedorn, m.", Deutsches Wörterbuch von Jacob Grimm und Wilhelm Grimm, digitalisierte Fassung im Wörterbuchnetz des Trier Center for Digital Humanities, Version 01/23

[20] „hagen, m.", Deutsches Wörterbuch von Jacob Grimm und Wilhelm Grimm, digitalisierte Fassung im Wörterbuchnetz des Trier Center for Digital Humanities, Version 01/23

[21] A.a.O.

[22] A.a.O.

[23] Vgl. Flör, Michael „hagen" in „Die Ortsnamen des Kreises Olpe" in der Reihe Westfälisches Ortsnamenbuch Band 8; S. 269

[24] Hesse, Josef „Geschichte des Kirchspiels und Klosters Drolshagen" S.20

[25] Hesse, Josef. a.a.O. S.20

[26] Wolf, Walter „Höëwingen – Eine Ermittlung zur Frühgeschichte des Dorfes" Norderstedt 2021; Auch das Wort Heimat geht auf diese Wurzel zurück.

[27] Hesse, Josef a.a.O. S.20

[28] Wikipedia „-inghausen" https://de.wikipedia.org/wiki/-inghausen

[29] „bach, m. f.", Deutsches Wörterbuch von Jacob Grimm und Wilhelm Grimm, digitalisierte Fassung im Wörterbuchnetz des Trier Center for Digital Humanities, Version 01/23,

[30] Flör, Michael „beke" a.a.O. S. 263

[31] Flör, Michael „beke" a.a.O. S. 263

[32] Flöer, Michael „Dumicke" S. 82

[33] wasserscheide, f.", Deutsches Wörterbuch von Jacob Grimm und Wilhelm Grimm, digitalisierte Fassung im Wörterbuchnetz des Trier Center for Digital Humanities, Version 01/23,

[34] Flöer, Michael a.a.O. „-schede" S. 272

[35] Flöer, Michael a.a.O. S. 274

[36] Regesten Gut Ewig Nr. 153 S. 42;

[37] Hömberg, Albert K., „Die Akten der Deutschordenskommende Waldenburg" in: Heimatstimmen aus dem Kreise Olpe 9 (1952), S. 597-605 [ND 1985]; im Weiteren als A. K. Hömberg; S. 601 und S. 603

[38] Hömberg S. 602

[39] „liebe" lautet im Drolshagener Platt „leiwe"

[40] So Flöer in „Olpe"

[41] Vgl. dazu: Dreisbach im Dialekt „Dreispe" oder „Rüspe", vor allem aber auch das Drolshagener „Brachtpe"

[42] Hesse, Josef; Drolshagen S. 128

[43] Richtering, Helmut; Das Archiv des ehemaligen Klosters Drolshagen. Urkunden und Akten. Nr. 111 S. 35

[44] Oberschelp, Reinhard ; Die Schatzungsregister des 16. Jahrhunderts für das Herzogtum Westfalen. Tl. 1 S. 175; im Weiteren: SchRegHW I

[45] Flöer, Michael a.a.O.; Benolpe S.34

[46] Beides bei: Jellinghaus, Hermann; Die westfälischen Ortsnamen nach ihren Grundwörtern; S. 3

[47] Jellinghaus, Hermann; a.a.O. S.3

[48] „Bänd", Rheinisches Wörterbuch, digitalisierte Fassung im Wörterbuchnetz des Trier Center for Digital Humanities, Version 01/23,

[49] Hesse, Josef; Drolshagen S. 77

[50] Richtering, Helmuth; Drolshagen Nr. 33 S. 12

[51] A.a.O. Nr. 33 S. 12

[52] Regesten Gut Ewig Nr. 199 S. 55

[53] SchRegHW Teil II S. 64

[54] Seibertz, Johann Suibert III Nr. 919 S. 41 Anm.

[55] SchRegHW Teil II S. 64

[56] Kroiß, Daniel, Behr, in: Digitales Familiennamenwörterbuch Deutschlands,

[57] nach Flöer, Michael; a.a.O. Berlinghausen S. 35

[58] Flöer, Michael; a.a.O. Berlinghausen S. 36

[59] A. K. Hömberg, Osterendorp Nr. 4 S. 315

[60] SchRegHW Teil II S. 66

[61] A. K. Hömberg, Osterendorp Nr. 4 S. 602

[62] Richtering, Helmuth; Drolshagen Nr. 470 S. 142

[63] Flöer, Michael a.a.O. S. 41

[64] Flöer, Michael a.a.O. S. 266

[65] SchRegHW Teil I S. 177 und Richtering, H. Drolshagen Nr. 470 S. 142

[66] A. K. Hömberg S. 603

[67] Hesse S. 128

[68] Bieker, M.; Heimat in: Flöer, Michael a.a.O. Bleche S. 50

[69] „Leinen", Rheinisches Wörterbuch, digitalisierte Fassung im Wörterbuchnetz des Trier Center for Digital Humanities, Version 01/23

[70] vgl. hierzu auch die Hinweise von Flöer zur Entwicklung des Stammvokals, der verschriftlicht wurde. In Flöer, Michael a.a.O. S. 50

[71] „blekken", Westfälisches Wörterbuch, digitalisierte Fassung im Wörterbuchnetz des Trier Center for Digital Humanities, Version 01/23

[72] Flöer, Michael a.a.O. Bleche S. 50

[73] „BLANK", Deutsches Wörterbuch von Jacob Grimm und Wilhelm Grimm, digitalisierte Fassung im Wörterbuchnetz des Trier Center for Digital Humanities, Version 01/23,

[74] Regesten Gut Ewig Nr. 158 S. 43

[75] Regesten Gut Ewig Nr. 158 S. 43

[76] A. K. Hömberg, Osterendorp Drolshagen Nr. 113 S. 37

[77] In Drolshagen u.a. bei Alperscheid und Benolpe

[78] Wikipedia Bracht (Toponym); vgl. dazu Hohe Bracht bei Altenhundem und die Homert vor Lüdenscheid

[79] Flöer, Michael a.a.O. -bracht. S. 265

[80] Flöer, Michael a.a.O. -bracht. S. 265

[81] Wikipedia „Bracht" (Toponym), a.a.O.

[82] Wikipedia „Bracht" (Toponym) a.a.O.

[83] Richtering, Helmuth; Drolshagen Nr. 18 S. 7

[84] Richtering, Helmuth; Drolshagen Nr. 20 S. 8

[85] Richtering, Helmuth; Drolshagen Nr. 19 S. 7

[86] Richtering, Helmuth; Drolshagen Nr. 111 S. 35

[87] Richtering, Helmuth; Drolshagen Nr. 684 S. 208

[88] Gerig, Zustände S. 495

[89] „hart, m. und f.", Deutsches Wörterbuch von Jacob Grimm und Wilhelm Grimm, digitalisierte Fassung im Wörterbuchnetz des Trier Center for Digital Humanities, Version 01/23,

[90] a.a.O.

[91] z.B. eine Gemarkung in Ottfingen an der Großmicke

[92] „brink, m.", Deutsches Wörterbuch von Jacob Grimm und Wilhelm Grimm, digitalisierte Fassung im Wörterbuchnetz des Trier Center for Digital Humanities, Version 01/23,

[93] „Brink", in: Wolfgang Pfeifer et al., Etymologisches Wörterbuch des Deutschen (1993), digitalisierte und von Wolfgang Pfeifer überarbeitete Version im Digitalen Wörterbuch der deutschen Sprache,

[94] Richtering, Helmuth; Drolshagen Nr. 22 S. 9

[95] SchRegHW Teil II S. 66; für Schreibershof liegt nur ein Name vor.

[96] Schlade: niederfränkisch und westfälisch. Einschnitt, Bergschlucht, schmales Tal zwischen Bergen, meist mit feuchtem Wiesengrund, aber auch mit Feldern auf fruchtbarem, tiefem Boden; auch: trockene, kleine Seitenmulde als Ortsbezeichnung in der / an der Schlade; t

[97] von Viebahn, Johann Georg, Ortschafts-Tabelle S. 164

[98] Hesse, Josef Urkunden 16.2 S. 1088

[99] SchRegHW Teil I S. 178

[100] SchRegHW Teil II S. 67

[101] SchRegHW Teil I S. 178

[102] SchRegHW Teil II S. 67

[103] Scheele, Norbert, Jagddienste S. 427

[104] Scheele, Norbert, Besitzungen S. 387

[105] Flöer, Michael a.a.O. Bruch S. 62

[106] Wie bei Schützenbruch, Wiehbruuk oder ähnliches

[107] Flöer, Michael a.a.O. Bruch S.62

[108] Heute Hof Maiworm

[109] Vgl. dazu Hesse, Josef; Drolshagen 43, 51, 100
[110] Richtering, Helmuth; Drolshagen Nr. 20 S. 8
[111] Regesten Gut Ewig Nr. 14 S. 4
[112] Regesten Gut Ewig Nr. 158 S. 43
[113] SchRegHW Teil I S. 179
[114] Richtering, Helmuth; Drolshagen Nr. 228 S. 75
[115] Richtering, Helmuth; Drolshagen Nr. 435 S. 130
[116] SchRegHW 2 S. 67
[117] Richtering, Helmuth; Drolshagen Nr. 214 S. 69
[118] Richtering, Helmuth; Drolshagen Nr. 228 S. 75
[119] Richtering, Helmuth; Drolshagen Nr. 319 S. 101
[120] „führen", Deutsches Wörterbuch von Jacob Grimm und Wilhelm Grimm, digitalisierte Fassung im Wörterbuchnetz des Trier Center for Digital Humanities, Version 01/23; weitere Erklärungen wie bei Flöer, Michael zu Bühren; a.a.O. S. 67
[121] Richtering, Helmuth; Drolshagen Nr. 542 S. 165
[122] Richtering, Helmuth; Drolshagen Nr. 882 S. 267
[123] Scheele, Norbert Pferderolle Teil 1 S. 932
[124] von Viebahn, Johann Georg, Ortschafts-Tabelle S. 164
[125] Vgl. SchRegHW Teil I; z.B. Donnker Burschaft = Dumicker Bauerschaft.
[126] Hesse, Josef Drolshagen S. 123
[127] Jellinghaus, Hermann Ortsnamen, S.80
[128] Wintersohl, Herbert Dorfchronik S. 28
[129] Dräger, Kathrin, Dietrich, in: Digitales Familiennamenwörterbuch Deutschlands,
[130] Flöer, Michael a.a.O., Dirkingen S. 77
[131] Hesse, Josef; Drolshagen S. 128
[132] Flöer, Michael a.a.O., Dirkingen S.77
[133] Richtering, Helmuth; Drolshagen Nr. 161 S. 52
[134] Richtering, Helmuth; Drolshagen Nr. 445 S. 132
[135] von Viebahn, Johann Georg Ortschaftsverzeichnis S 176
[136] Wigands Archiv VI S. 162
[137] Siegburger Mirakelbuch S. 192
[138] Siegburger Mirakelbuch S. 168
[139] Erhard, Heinrich August Urkundenbuch a.a.O. Nr. 432 S. 188
[140] Erhard, Heinrich August Urkundenbuch a.a.O. Nr. 533 S. 236
[141] Erhard, Heinrich August Urkundenbuch a.a.O. Nr. 377 S. 163
[142] Stehkämper, Hugo Zinspflichtigenrolle Nr. 119 S. 112
[143] Erhard, Heinrich August Urkundenbuch Nr. 979 S. 443
[144] Siegener Urkunden II Nr. 92 S. 57

[145] Erhard, Heinrich August Urkundenbuch I Nr. 2120 S. 997

[146] Erhard, Heinrich August Urkundenbuch Nr. 113 S. 56

[147] SchRegHW Teil I S. 173

[148] Flöer, Michael a.a.O., hagen, -inghagen S. 268

[149] „hag, m." in Grimm Wörterbuch a.a.O.

[150] „hagen, m.", Grimm Wörterbuch a.a.O.

[151] Hesse, Josef; Drolshagen S 31

[152] Börsch, Joseph Chronica Drolshagensis a.a.O. ; hier Geschichtliche Einleitung von Joseph Börsch S.9

[153] Förstemann, Ernst Wilhelm Namenbuch, S. 347

[154] Flöer, Michael a.a.O., Drolshagen S. 81

[155] Hesse, Josef, Bilder einer Stadt S. 28

[156] Seebold, Elmar Wörterbuch 870

[157] Regesten Gut Ewig Nr. 153 S. 42

[158] Regesten Gut Ewig Nr. 153 S. 41

[159] Schiller, Christiane, *Dude*, in: Digitales Familiennamenwörterbuch Deutschlands

[160] Flöer, Michael a.a.O., Dumicke S.81

[161] SchRegHW Teil I S. 179

[162] SchRegHW Teil II S. 67

[163] Flöer, Michael a.a.O., Dumicke S.81

[164] Flöer, Michael a.a.O., Dumicke S.81

[165] Hesse, Josef; Drolshagen S. 93

[166] Richtering, Helmuth; Drolshagen Nr. 364 S. 110

[167] Scheele, Norbert Olpe S. 242

[168] Scheele, Norbert Besitzungen S. 387

[169] Flöer, Michael a.a.O., „Eichen" S.86

[170] Hesse, Josef; Drolshagen S. 111

[171] Hesse, Josef Steupingen S. 1088

[172] Hesse, Josef; Drolshagen S. 102

[173] Verweis auf Hernscheid, wo eine andere Version von Erle namengebend war. Siehe dort.

[174] Richtering, Helmuth; Drolshagen Nr. 74 S. 23

[175] 1470-1500 ut dem hove Eßkusen (Hesse, Josef Urkunden S. 1087)

[176] Heynrich van Eskusen in: Hesse, Josef Urkunden Nr. 102 S. 32

[177] 1536 Peter von Eßingkhuißen (SchRegHW Teil I S. 179)

[178] Scheele, Norbert Olpe S. 242

[179] Scheele, Norbert Pferderolle 1 S. 932

[180] Nordisch: Asen

[181] wikipedia.org/wiki/Essinghausen_(Drolshagen)

[182] Hesse, Josef; Drolshagen S.46

[183] Hesse, Josef; Drolshagen S. 46

[184] Trotz einer intensiven Suche in altdeutschen und mitteldeutschen Wörterbüchern, im Grimmschen Wörterbuch, Niedersächsischen Wörterbuch, Rheinischen Wörterbuch, Westfälischem Wörterbuch und diversen anderen konnte die Annahme von Hesse, das „vare" mit Lehen zu tun hat, konnte nicht bestätigt werden.

[185] Richtering, Helmuth; Drolshagen Nr. 19 S. 7

[186] Hömberg, Albert K. Schönholthausen S. 384

[187] Hömberg, Albert K. Plettenberg S. 987

[188] Vgl. Theodor Storms Gedicht „Abseits" - Ein halbverfallen niedrig Haus
Steht einsam hier und sonnbeschienen;
Der Kätner lehnt zur Tür hinaus, Behaglich blinzelnd nach den Bienen... evt. auch Familienname Kätner, Kettner

[189] Flöer, Michael a.a.O., Hülschotten S.137

[190] Förstemann, Ernst Wilhelm Altdeutsches Namenbuch – 1822-1906, „Varin" S. 1264

[191] wikipedia.org/wiki/Warin_von_Köln

[192] Hesse, Josef; Drolshagen S 46

[193] „wahren, verb.", Deutsches Wörterbuch von Jacob Grimm und Wilhelm Grimm, a.a.O.

[194] U.a „vâre, swv.", Mittelhochdeutsches Wörterbuch von Benecke, Müller, Zarncke, digitalisierte Fassung im Wörterbuchnetz des Trier Center for Digital Humanities, Version 01/23,

[195] „wahre, f.", Deutsches Wörterbuch von Jacob Grimm und Wilhelm Grimm, a.a.O.

[196] Rodwahre in: Deutsche Rechtswörterbuch der Forschungsstelle der Heidelberger Akademie der Wissenschaften.

[197] „wahre, f." .", Deutsches Wörterbuch von Jacob Grimm und Wilhelm Grimm, a.a.O.

[198] „wahre, f.", .", Deutsches Wörterbuch von Jacob Grimm und Wilhelm Grimm, a.a.O.

[199] „wahre, f.", .", Deutsches Wörterbuch von Jacob Grimm und Wilhelm Grimm, a.a.O.

[200] „wahre, f.", .", Deutsches Wörterbuch von Jacob Grimm und Wilhelm Grimm, a.a.O.

[201] wahre, f.", .", Deutsches Wörterbuch von Jacob Grimm und Wilhelm Grimm, a.a.O.

[202] Evtl erstarrter Genitiv wie bei Familiennamen

[203] Matriken der St. Clemens Kirchengemeinde Drolshagen; KB001-2 Mths; Taufen, Trauungen, Sterbefälle; 1. Januar 1650 – 1. Januar 1671

[204] SchRegHW Teil II S. 174

[205] Hesse, Josef; Drolshagen S 567

[206] Daselbst = am selben Ort; beide Namen stehen untereinander

[207] *Quelle insgesamt zu diesen Aussagen:* „Furt", in Pfeifer, Wolfgang Etymologisches Wörterbuch

[208] Pfeifer, Wolfgang Etymologisches Wörterbuch a.a.O.

[209] Pilkmann-Pohl / Beckmann Wörterbuch S. 206

[210] „Furt I", in: Rheinisches Wörterbuch

[211] Richtering, Helmuth; Drolshagen Nr. 38 S. 14

[212] Richtering, Helmuth; Drolshagen Nr. 205 S. 67

[213] Scheele, Norbert; Jagddienste S. 427

[214] von Viebahn, Johann Georg, S. 163

[215] Siehe dazu die Ausführungen zu den Grundworten „-ingen" und „-inghausen"

[216] Köster, Carl Vermögensverwaltung S. 159

[217] Hesse, Josef Drolshagen S.20.

[218] Nach Jellinghaus, Hermann Ortsnamen

[219] Hesse, Josef Drolshagen S. 128

[220] Regesten Gut Ewig Nr. 158 S. 43

[221] 1470-1500 tho Geiltzloide in Hesse, Josef Urkunden 16.2 S. 1087

[222] Hesse, Josef Urkunden Nr. 689 S. 210

[223] Flöer, Michael a.a.O., Gelslingen S. 105

[224] Richtering, Helmuth; Drolshagen Nr. 66 S. 21

[225] U.a Hesse, Josef Urkunden S. 128, Regesten Gut Ewig Nr. 153 S. 41

[226] Regesten Gut Ewig Nr. 153 S. 42

[227] SchRegHW Teil I S. 175

[228] Flöer, Michael a.a.O., Germinghausen S. 106

[229] Hömberg, Albert K. Schönholthausen S. 384

[230] „berg, st. m.", in: Sächsische Akademie, Althochdeutsches Wörterbuch

[231] „Berg", in: Pfeifer, Wolfgang Etymologisches Wörterbuch

[232] A. K. Hömberg, Waldenburg S. 602

[233] Eine andere Ableitung kann von Rücken kommen, der z.B. im übertragenen Sinne des Bergrückens mittelniederländisch u.a. rigghe lautet und im Altenglischen hrycg (auch 'Anhöhe'), im heutigen Englisch ridge (auch 'Gebirgskamm, Erhöhung, First') .

[234] Richtering, Helmuth; Drolshagen Nr. 218 S. 71

235 Flöer, Michael a.a.O. Gipperich S. 108
236 Flöer, Michael a.a.O. Gipperich S. 108
237 Flöer, Michael a.a.O. Gipperich S. 108
238 „geisz, f.", in: Grimm Wörterbuch a.a.O.
239 Richtering, Helmuth; Drolshagen Nr. 80 S. 25
240 Scheele, Norbert Urkundenregesten S. 213
241 A. K. Hömberg, Waldenburg S. 602
242 A. K. Hömberg, Waldenburg S. 603
243 Gerig, Zustände S. 495
244 1543 Braunß Fraw von (SchRegHW Teil II S. 65)
245 1543 Clemens Johan Zitzbergh (SchRegHW Teil II S. 65)
246 1543 Johans Eydomb zu Zittbergh (SchRegHW Teil II 2 S. 65)
247 Hesse, Josef Drolshagen S. 128
248 Regesten Gut Ewig Nr. 153 S. 42
249 In variierenden Schreibweisen in Regesten Gut Ewig Nr. 158 S. 43 auf derselben Seite
250 Henrich von Halbhusten (Scheele, Norbert Besitzungen S. 1089)
251 Hesse, Josef Urkunden S. 109
252 Scheele, Norbert Besitzungen S. 387
253 Flöer, Michael a.a.O. Halbhusten S.115
254 Scheele, Annelene, Husten S. 17
255 Scheele, Annelene, Husten S.17
256 Flöer, Michael a.a.O. S. 116
257 SchRegHW Teil I S. 216 und 217
258 Vitt, Peter Mühlen, S. 79
259 Hesse, Josef; Drolshagen, S. 107
260 Siehe unter Neuenhaus
261 Vitt, Peter Mühlen, S. 79
262 Hesse, Josef Urkunden, S. 1090
263 „HEDE, f.", in: Grimm Wörterbuch a.a.O.
264 SchRegHW Teil I S. 178
265 Hesse, Josef; Drolshagen S. 122, der nicht die Fassung der Dokumente, sondern die Übertragung ins Hochdeutsche anführt
266 Regesten Gut Ewig Nr. 153 S. 42
267 Richtering, Helmuth; Drolshagen Nr. 111 S. 35, in einer Abschrift des Dokuments von 1510 aus dem 17. Jahrhundert
268 „hain", in: Grimm Wörterbuch a.a.O.,
269 „hain", in: in: Grimm Wörterbuch a.a.O.
270 Flöer, Michael a.a.O. Heimicke S.118
271 Flöer, Michael a.a.O. Heimicke S.118

159

[272] Siehe unter Heimicke

[273] SchRegHW Teil I S. 178

[274] Erhard, Heinrich August Urkundenbuch a.a.O. Nr. 392 S. 170

[275] „herte, stf.", in: Benecke Mitteldeutsch

[276] Benecke Mitteldeutsch a.a.O.

[277] Siehe den genauen Vorgang bei Flöer, Michael a.a.O., Herpel S.126

[278] Richtering, Helmuth; Drolshagen 23 S. 9

[279] Flöer, Michael a.a.O., Herpel S.126

[280] Flöer, Michael a.a.O., Hespecke S. 129

[281] Flöer, Michael Soest S.106

[282] Flöer, Michael a.a.O., Hespecke S. 129

[283] QGS 16.2 S. 1088

[284] Hesse, Josef Urkunden Nr. 671 S. 204

[285] von Viebahn, Johann Georg 1841 Hespecke, Höfe am Hesbekeb[ach] Ortschafts-Tabelle S. 164

[286] Ebenso scherzhaft die Dorfpartnerschaft der heutigen Hustener mit dem Ort „Niesen"

[287] Siehe unter Scheele, Annelene, Husten im Literaturverzeichnis

[288] Flöer Husten, Im Originaltext nicht vorhandene Hervorhebungen durch den Autor. Ebenso die hinter den in der Fachliteratur benutzen Abkürzungen angeschlossenen Erläuterungen wie FlurN (= Flurname). Dies gilt auch für die weiteren Texte.

[289] Hesse, Josef; Drolshagen S. 128

[290] Flöer, Michael a.a.O., Husten S. 143

[291] Hesse, Josef Urkunden 1 S. 1046

[292] Hesse, Josef Urkunden 2 S. 1087

[293] SchRegHW Teil I S. 174

[294] SchRegHW Teil I S. 174

[295] Scheele, Norbert Olpe S. 242

[296] „Hustert", in: Rheinisches Wörterbuch,

[297] „Hostert", in: Rheinisches Wörterbuch, ,

[298] „Hurst, f.m.", in: Westfälisches Wörterbuch,

[299] „Plante, f.m.", in: Westfälisches Wörterbuch

[300] siehe dazu auch: Wolf, W. „Sprache und Namen in Drolshagen"

[301] Richtering, Helmuth; Drolshagen Nr. 66 S. 21

[302] Regesten Gut Ewig Nr. 153 S. 42

[303] Ähnlich auch bei der Entstehung des Grundwortes „-micke" von   „n" + „bieke"

[304] Hesse, Josef Urkunden 3 S. 1136

[305] Scheele, Norbert Besitzungen S. 387
[306] Plattdeutsche Bezeichnung für (alte) Frauen
[307] Hesse, Josef Drolshagen S. 46.
[308] Flöer, Michael a.a.O., Hützemert S. 145
[309] Flöer, Michael a.a.O., Hützemert S. 145
[310] Flöer, Michael a.a.O., Hützemert S. 145
[311] Flöer, Michael a.a.O., Hützemert S. 145
[312] Flöer, Michael a.a.O., S. 108
[313] Hesse, Josef Urkunden1 S. 1046
[314] Flöer, Michael a.a.O., Iseringhausen S. 147
[315] Hesse, Josef; Drolshagen S 84
[316] Flöer, Michael a.a.O., Iseringhausen S. 147
[317] Hesse, Josef Drolshagen S 77
[318] Hesse, Josef Drolshagen S.112; Richtering, H. Drolshagen Nr. 61 S. 20
[319] Scheele, Norbert Olpe S. 242
[320] Siehe dazu in diesem Buch die Ausführungen zu der Siedlung Herrnscheid
[321] Siehe dazu „Hützemert" in diesem Buch und Flöer, Michael a.a.O., Hützemert
[322] Hesse, Josef Drolshagen S. 46
[323] Dräger, Kathrin, Köhne, in: Digitales Familiennamenwörterbuch Deutschlands,
[324] „KÜHN", in: Grimm Wörterbuch a.a.O.
[325] SchRegHW Teil I S. 176
[326] Hesse, 122
[327] SchRegHW Teil I S. 176
[328] SchRegHW Teil I S 176
[329] SchRegHW Teil I S. 179
[330] SchRegHW Teil I S.177
[331] SchRegHW Teil I S. 220
[332] Siehe dazu Wolf, Walter Familien und Beinamen
[333] Richtering, Helmuth; Drolshagen Nr. 15 S. 6
[334] Regesten Gut Ewig Nr. 153 S. 42
[335] Regesten Gut Ewig Nr. 275 S. 76; vgl. hier auch den im Hochsauerland häufigen Familiennamen Kebbekus
[336] Die germanischen Formen sind entlehnt aus spätlat. cuppa 'Becher' mit einer Bedeutungsentwicklung über 'Schale, Haube' zu 'rundlicher Gegenstand, äußerste Spitze'. Quelle: „Kuppe", in: Pfeifer, Wolfgang Etymologisches Wörterbuch

337 Richtering, Helmuth; Drolshagen Nr. 93 S. 28, siehe auch Hesse, Josef; Drolshagen S. 109

338 1484 [Gut im] Krame (Richtering, Helmuth; Drolshagen Nr. 93 S. 31); 1533 [Heinrich im] Krame (Richtering, Helmuth; Drolshagen Nr. 149 S. 48) 1536 Hinrich im Kraem (SchRegHW Teil I S. 178), , 1543 Hanß im Krame (SchRegHW Teil II S. 66); 1565 (A. 1567) Hans im Krame (SchRegHW Teil I S. 178)

339 von Viebahn, Johann Georg S. 164

340 „Krammet", in: Westfälisches Wörterbuch3

341 „Krāne-wid-bi^{e}re, f.", in: Westfälisches Wörterbuch, 3

342 Mundart-kommission.lwl.org; „Kram"

343 Dazu u.a. Schrage, Hans-Rainer „Wendener plattdeutsches Wörterbuch"

344 Richtering, Helmuth; Drolshagen Nr. 41 S. 15

345 Regesten Gut Ewig Nr. 153 S. 41

346 Regesten Gut Ewig Nr. 153 S. 42

347 Richtering, Helmuth; Drolshagen Nr. 150 S. 48

348 SchRegHW Teil I S. 177

349 Hesse, Josef Urkunden S. 1136

350 Gerig, Zustände S. 495

351 Richtering, Helmuth; Drolshagen Nr. 951 S. 281

352 Flöer, Michael a.a.O., Lüdespert S 166

353 „leute" in: Grimm Wörterbuch a.a.O

354 „leute" in: Grimm Wörterbuch a.a.O

355 „u", in: Mittelhochdeutsches Handwörterbuch,

356 Bieker, Michael Heimat S. 20

357 Richtering, Helmuth; Drolshagen Nr. 18 S. 7

358 Bis auf eine Fassung von 1470 Nyenhusen in den Regesten Gut Ewig Nr. 158 S. 43

359 Richtering, Helmuth; Drolshagen Nr. 21 S. 8)

360 Richtering, Helmuth; Drolshagen Nr. 18 S. 7

361 Regesten Gut Ewig Nr. 158 S. 43

362 SchRegHW Teil I S. 177

363 Scheele, Norbert Jagddienste S. 427

364 Vgl. dazu Wolf, Walter Sprache Drolshagen 3

365 Hesse, Josef Drolshagen S 77; Richtering, H. Drolshagen Nr. 20 S. 8

366 SchRegHW Teil I S. 179

367 SchRegHW Teil II S. 67

368 Scheele, Norbert Olpe S. 242

[369] Gerig, Zustände S. 495

[370] Hesse, Josef Drolshagen S 475

[371] Hesse, Josef Drolshagen S 81

[372] Hesse, Josef Drolshagen 111

[373] Hesse, Josef Drolshagen 294

[374] Regesten Gut Ewig Nr. 14 S. 4

[375] Flöer, Michael a.a.O., Scheda S. 213

[376] Regesten Gut Ewig Nr. 158 S. 43

[377] SchRegHW Teil II S. 66)

[378] Richtering, Helmuth; Drolshagen Nr. 150 S. 48

[379] SchRegHW Teil I S. 177

[380] SchRegHW Teil II S. 66)

[381] SchRegHW Teil I S. 177

[382] Vgl. dazu Flöer, Michael a.a.O., Scheda S. 213

[383] „Slāde, f.m.", in: Westfälisches Wörterbuch

[384] SCHLADE, f. als unverstandener flurname in „SCHLADE, f.", in: Grimm Wörterbuch a.a.O.

[385] „SCHLADE, f.", in: Grimm Wörterbuch a.a.O.

[386] Flöer, Michael a.a.O., -slede S. 273

[387] ags. Slaghðorn; (Aussprache ð wie im Englischen th) ein bekannter Ort mit einer Wallfahrtskapelle ist die Dörnschlade, die den Flurnamen im doppelten Sinne Dornen+Schlade trägt

[388] Hesse, Josef Drolshagen S. 522

[389] „schlenke, f.", in: Grimm Wörterbuch a.a.O.

[390] „Slenke, f.", Westfälisches Wörterbuch,

[391] Landesarchiv NRW Abteilung Westfalen W 051 / Karten A (Allgemein), Nr. 7375

[392] „schlenke, f.", in: Grimm Wörterbuch a.a.O.

[393] „Slenke, f.", Westfälisches Wörterbuch,

[394] Hesse, Josef Urkunden 2 S. 1088; „oi" = Dehnung zu langem „o"

[395] Dies hat eine lange Entwicklung, die Grimms so beschreiben, dass die „vertauschung von w und b" schon länger bestehe. „dasz sie schon in mhd. zeit weit um sich gegriffen hat. ... das w ... ist auch am laut dem b nit fast ungleich, allein dasz das w eyn wenig linder im auszsprechen dann das b gehöret wird und nennt es einen athem, wie man heysse kost bläszt" (Grimm Wörterbuch a.a.O. Artikel: „W"). Dies hat sich im Plattdeutschen erhalten, wo es z.B. in Drolshagen „leiwe" statt „liebe" heißt.

[396] Gerig, Zustände S. 495

[397] SchRegHW Teil II S 66; ob weitere ohne Wohnstattbezeichnung ebenfalls

zu Schreibershof gehörten, ist den Dokumenten nicht zu entnehmen.

[398] SchRegHW Teil I S 176

[399] Hier wäre es der „erstarrte Genitiv" des Niederdeutschen; vgl. dazu Wolf, Walter Sprache Drolshagen

[400] „schreiber, m.", in: Grimm Wörterbuch a.a.O.

[401] in: Grimm Wörterbuch a.a.O.

[402] Wie bei dem Wendener Ort Altenhof. Der ältere Name ist der einer fränkischen Siedlung Höëwingen, die wüstgefallen war, aber im Dialekt weiterhin als Bezeichnung für den Ort Altenhof steht. Vgl. dazu Wolf, Walter Höëwingen

[403] Lehnsprotokoll nach 1556; Hesse, Josef Drolshagen S. 122; Zudem war einer der belehnten Besitzer der *Wilhelm vur dem Schurholtz*. In dem Lehnsprotokoll wurde Hof und Siedlung Schürholz nicht explizit aufgenommen, sodass u.U. auch Lehnshöfe von Schürholz dem Schreibershof zugeschlagen wurden.

[404] Hesse, Josef Drolshagen S. 122

[405] SchRegHW Teil I S. 178

[406] SchRegHW Teil II S. 66 Anm

[407] Richtering, Helmuth; Drolshagen Nr. 671 S. 204

[408] Hesse, Josef Drolshagen S. 21

[409] Vgl. Hesse, Josef Drolshagen

[410] „w" steht für „u", wird auch so ausgesprochen, „hardt" ist einer der vielen Begriffe für Wald, hier im Sinne von am Berghang gelegenes Gehölz , Wald; „rauh" wird mittelhochdeutsch bei Bergen als „mit holz oder wald bestanden" laut Grimmschem Wörterbuch „rauh" („rauh, adj. und adv.", in: Grimm Wörterbuch a.a.O.

[411] Hesse, Josef Drolshagen S 20

[412] Hesse, Josef Drolshagen S. 505

[413] Persönliche Mitteilung von Margret Deimel, geb. Bieker aus Schützenbruch am 31.12.2024

[414] Hesse, Josef Drolshagen, S. 15;

[415] Hesse, Josef Drolshagen S.15

[416] „bruch, m. n.", in: Grimm Wörterbuch a.a.O.

[417] Richtering, Helmuth; Drolshagen Nr. 23 S. 9

[418] Regesten Gut Ewig Nr. 153 S. 41

[419] Regesten Gut Ewig Nr. 153 S. 42

[420] Richtering, Helmuth; Drolshagen Nr. 107 S. 34

[421] Flöer, Michael a.a.O. Sendschotten S. 220

[422] „zeit, f.", in: Grimm Wörterbuch a.a.O.,

[423] Richtering, Helmuth; Drolshagen Nr. 332 S. 103

[424] Richtering, Helmuth; Drolshagen Nr. 678 S. 206

[425] Scheele, Norbert Pferderolle 1 S. 931

[426] U.a. Flöer, Michael a.a.O. Sendschotten S. 220

[427] Flöer, Michael a.a.O. Sendschotten S. 220

[428] Flöer, Michael a.a.O. Sendschotten S. 220

[429] Flöer, Michael a.a.O. Sendschotten S. 220

[430] „ZINS, stm.", in: Benecke Mitteldeutsch

[431] „zins, m.", in: Grimm Wörterbuch a.a.O.

[432] „zins, m.", in: Grimm Wörterbuch a.a.O.

[433] Regesten Gut Ewig Nr. 153 S. 41

[434] Richtering, Helmuth; Drolshagen Nr. 94 S. 92

[435] Hesse, Josef Urkunden.2 S. 1090

[436] SchRegHW Teil I S. 179

[437] SchRegHW Teil II S. 67

[438] SchRegHW Teil I S. 179

[439] Richtering, Helmuth; Drolshagen Nr. 366 S. 110

[440] Richtering, Helmuth; Drolshagen Nr. 658 S. 199

[441] Scheele, Norbert Olpe S. 242

[442] Scheele, Norbert Pferderolle 1 S. 93

[443] Scheele, Norbert Besitzungen S. 388

[444] Wie bei Iseringhausen, siehe dort

[445] von Viebahn, Johann Georg S. 163

[446] Flöer, Michael a.a.O. Siebringhausen S. 223

[447] Hesse, Josef Urkunden S 1088

[448] Hesse, Josef Drolshagen S. 114

[449] Richtering, Helmuth; Drolshagen Nr. 650 S. 197

[450] Kein langes u!

[451] „STUTE, f.", in: Grimm Wörterbuch a.a.O.3

[452] Richtering, Helmuth; Drolshagen Nr. 39 S. 14

[453] Präsentationsregister Herford S. 74

[454] Richtering, Helmuth; Drolshagen Nr. 80 S. 25

[455] SchRegHW Teil II S. 66 Anm

[456] von Viebahn, Johann Georg S. 165

[457] Gensicke, Hellmuth Präsentationsregister, nach Flöer, Michael a.a.O.

[458] Hesse, Josef Drolshagen S. 76, wie auch die folgenden Ausführungen

[459] Drolshagen war der Name eines alten westfälischen Ministerialen- und Rittergeschlechts. Es nannte sich nach dem Ort Drolshagen im Sauerland, hatte aber auch einen Zweig im Münsterland (Wikipedia „Drolshagen – Adelsgeschlecht")

[460] Heuser, Rita, *Winand*, in: Digitales Familiennamenwörterbuch Deutschlands

[461] Hesse, Josef Drolshagen S.77

[462] Richtering, Helmuth; Drolshagen Nr. 48 S. 16

[463] Richtering, Helmuth; Drolshagen Nr. 143 S. 46, hierbei handelt es sich um eine Abschrift, bei der auch Unkorrektheiten vorkommen konnten

[464] Vgl. dazu Wolf, Walter Sprache Drolshagen

[465] Flöer, Hochsauerlandkreis S. 529

[466] Die Ortsnamen des Kreises Olpe S. 155

[467] Wie die häufigen Sprossvokale in der niederdeutschen Sprach

[468] Richtering, Helmuth; Drolshagen Nr. 126 S. 41

[469] Richtering, Helmuth; Drolshagen Nr. 802 S. 252

[470] Dagegen heißt es heute „Wintersohle" für das im Tal angesiedelte Industriegebiet. Ob sich diese Bezeichnung auch historisch erweist, ist noch ungeklärt.

[471] Flöer, Michael a.a.O. Wintersohl S. 255

[472] Flöer, Michael a.a.O. Wintersohl S. 255

[473] „WÜNNE, stf.", in: Benecke Mitteldeutsch. Der Ort Wünneberg bei Büren hat ebenfalls dieses Bestimmungswort.

[474] 1543 Hanß in der Wintersoell (SchRegHW Teil II S. 67)

[475] In der Sprachwissenschaft wird damit ein Vorgang beschrieben, bei dem in der Sprachpraxis Worte angeglichen werden, obwohl sie grammatikalisch nicht korrekt sind. Beispiel: „backen" und daraus folgend „er backt" heißt korrekt in der Vergangenheit „er buk", aber in der Angleichung an „hacken", „er hackte" wurde daraus „er backte", was heute häufiger in Gebrauch ist, als „er buk". Im Falle von Wintersohl liegt m.E. ebenso ein Anpassungsvorgang vor, da der Begriff „wunne" bzw. „wünne" und „winnede" nicht mehr verstanden wurden, wohl aber „Winter" und „Sohle".

[476] Richtering, Helmuth; Drolshagen Nr. 122 S. 40

[477] SchRegHW Teil I S. 175

[478] SchRegHW Teil I S. 65

[479] Flöer, Michael a.a.O. Bermicke

[480] Vgl. Wolf, Walter Familien und Beinamen

[481] WURM, m., n., in: Grimm Wörterbuch a.a.O.

[482] „UR, m.", in: Grimm Wörterbuch a.a.O.

[483] Becker, Günther Wüstung S. 251 f

[484] Hesse, Josef Drolshagen S. 20

[485] Hesse, Josef Drolshagen S. 20

[486] Richtering, Helmuth; Drolshagen Nr. 18 S. 7

[487] Hesse, Josef Drolshagen S. 128

[488] Hömberg, Albert K. Schönholthausen S. 384

[489] Hesse, Josef Urkunden S. 1045

[490] Regesten Gut Ewig Nr. 158 S. 43

[491] Erkennbar als der Standort eines alten, also schon lange bestehenden Hofes

[492] Börsch, Joseph Chronika Drolshagensis

[493] U.a. auch zu Steupingen, Bermicke, Aldenfelde u.a. aufgegeben Orte in Drolshagen

[494] Richtering, Helmuth; Drolshagen

[495] Im Gegensatz zur Dorfbildung im benachbarten Wendener Land

[496] Vgl. Lucas, Otto –Olper Land

[497] Hesse, Josef Drolshagen

[498] Flör, Michael a.a.O. Herrnscheid S. 125

[499] herilun: nom. pl. Gl 2,721,15; herl: nom. sg. 4,31,51 (Sal. a 1); „erila, st. (?) sw. f.", Althochdeutsches Wörterbuch, digitalisierte Fassung bereitgestellt durch die Sächsische Akademie der Wissenschaften zu Leipzig, Es kann sich hier auch um eine prothetische Anfügung des „h" aufgrund einer Sprachgewohnheit handeln.

[500] Regesten Gut Ewig Nr. 153 S. 42

[501] Siehe weiter unten

[502] Richtering, Helmuth, Drolshagen Nr. 23 S. 9

[503] Hesse, Josef Urkunden S. 1088

[504] Flöer. Michael Hochsauerlandkreis

[505] Deisting, Urkunde S. 156

[506] Hesse, Josef Drolshagen S. 123

[507] A. K. Hömberg, Waldenburg

[508] Richtering, Helmuth, Drolshagen Nr. 21 S. 8

[509] Richtering, Helmuth, Drolshagen Nr. 23 S. 9

[510] Richtering, Helmuth, Drolshagen Nr. 29 S. 11

[511] Richtering, Helmuth, Drolshagen Nr. 30 S. 11

[512] Richtering, Helmuth, Drolshagen Nr. 445 S. 133

[513] Richtering, Helmuth, Drolshagen Nr. 560 S. 171

[514] Hesse, Josef Drolshagen S. 54

[515] Becker, Wüstungen 13 S. 122

[516] Flöer, Michael a.a.O. Steupingen S.231

[517] Spontan verwies Werner Stahlhacke, Drolshagen, auf den Ort, den er auch später genauer beschrieb.

[518] Diese Abhandlung fußt im Wesentlichen auf den Erläuterungen von Niemeyer, Manfred. Deutsches Ortsnamenbuch, wird von mir aber ergänzt und auf die aktuelle und regionale Situation heruntergebrochen.

[519] Auch Drolshagen als Stadt ist gelistet, nicht so die anderen Orte des Stadtgebietes

[520] Dazu: Wolf, Walter Sprache Drolshagen

[521] Bach, Adolf, Deutsche Namenskunde Bd. 1 1953; S 24

[522] Niemeyer, Manfred. Deutsches Ortsnamenbuch S.10

[523] Niemeyer, Manfred Ortsnamenbuch S. 1

[524] Niemeyer, Manfred. Deutsches Ortsnamenbuch S.1

[525] Niemeyer, Manfred. Deutsches Ortsnamenbuch S.2

[526] Niemeyer, Manfred. Deutsches Ortsnamenbuch S. 2

[527] Niemeyer, Manfred. Deutsches Ortsnamenbuch S. 2

[528] Niemeyer, Manfred. Deutsches Ortsnamenbuch S. 3

[529] Niemeyer, Manfred. Deutsches Ortsnamenbuch S. 3

[530] Albe, Olpe

[531] a.a.O.

[532] Vgl. dazu Wolf, Walter Junge vom Dorf 2022

[533] Über die Entstehung habe ich berichtet.

[534] Vgl. dazu Wolf, Walter Heimat S.21 ff

[535] Wolf, Walter Poltische Bildung S. 179 - 181

[536] In Abgrenzung zu soziologischen oder philosophischen Kategorie

[537] Wolf, Walter Poltische Bildung

[538] Vgl. dazu Wolf, Walter Heimat S. 25 ff

[539] Erikson, Erich H. Totalitarismus S. 89

Erläuterungen zu in Zitaten verwendeten Kürzel

GW   =   Grundwort; Gattungsbegriff
BW   =   Bestimmungswort
FlurN =   Flurname
GewN   =   Gewässername
ON   =   Ortsname
PN   =   Personenname
as   =   altsächsisch; älteste Sprachstufe des Niederdeutschen;
             5 -12. Jahrhundert im Siedlungsgebiet der Sachsen
ahd   =   althochdeutsch; älteste schriftlich überlieferte
             Sprachstufe des Deutschen; zwischen 750 und 1050
afr   =   altfränkisch; Sprache der fränkischen Siedler; seit ca. 300
and   =   altniederdeutsch; Sprache nach Lautverschiebung
nd   =   niederdeutsch; aus altsächsisch und altfränkische
             entwickelte Sprache; oft auch „Plattdeutsch" genannt.

MIX
Papier aus verantwortungsvollen Quellen
Paper from responsible sources
FSC® C105338

FSC
www.fsc.org